René
Lévesque

Oui

Couverture

- Photo:
  LIBRARIUM
- Maquette:
  MICHEL BÉRARD

Maquette intérieure

- Conception:
  JEAN-GUY FOURNIER
  et GAÉTAN FORCILLO
- Supervision:
  HÉLÈNE MATTEAU
- Les photos des pages 98 et 144:
  Éditeur officiel du Québec

DISTRIBUTEURS EXCLUSIFS:

- Pour le Canada:
  AGENCE DE DISTRIBUTION POPULAIRE INC.*
  955, rue Amherst, Montréal H2L 3K4 (tél.: 514-523-1182)
  *Filiale de Sogides Ltée
- Pour la France et l'Afrique:
  INTER-FORUM
  13, rue de la Glacière, 75013 Paris (tél.: 570-1180)
- Pour la Belgique, la Suisse, le Portugal, les pays de l'Est:
  S.A. VANDER
  Avenue des Volontaires 321, 1150 Bruxelles (tél.: 02-762-0662)

René Lévesque

Oui

LES ÉDITIONS DE L'HOMME*

CANADA: 955, rue Amherst, Montréal H2L 3K4

*Division de Sogides Ltée

Bibliothèque nationale du Québec
Dépôt légal — 2e trimestre 1980

ISBN 2-7619-0074-X

Préface de l'éditeur

On parle souvent de l'épreuve du temps comme d'une pierre de touche pour apprécier la solidité d'une oeuvre littéraire. En politique, la profondeur et l'authenticité des idées s'évaluent à la cohérence d'un cheminement de la réflexion. Afin de permettre à tous les Québécois et Québécoises de juger à quel point René Lévesque est resté ou non fidèle à lui-même, afin d'offrir donc une perspective chonologique sur quelqu'un qui a déjà profondément modifié notre société, les Éditions de l'Homme ont invité le Premier ministre à réunir, dans un volume, l'essentiel de ses textes et allocutions de la dernière décennie, et ceci avant un référendum dont l'issue pourrait décider de notre avenir collectif.

Des discours furent donc choisis, allégés des phrases de circonstances et des répétitions propres au langage parlé. Débarrassés aussi des passages inutiles, parce que déjà traités par ailleurs dans le volume. Ils furent soumis à leur auteur qui continua de les parfaire, malgré l'horaire extrêmement chargé qu'on lui devine.

Ainsi naquirent les textes qui suivent et dont le lecteur pourra apprécier la pertinence quant à l'événement historique qui se prépare. Ils nous semblent refléter une préoccupation constante d'inscrire la question du

Québec dans une problématique internationale, puisqu'ils furent souvent destinés à des auditoires étrangers, de San Francisco à New York, de Toronto à Paris. Le nationalisme semble donc vouloir s'ouvrir ici sur le monde au lieu de se refermer sur des préoccupations "tribales".

De plus, ce livre s'adresse à tous les citoyens du Québec quelle que soit leur langue d'origine. Voilà pourquoi nous avons accédé à la demande de l'auteur: quand les discours furent prononcés en anglais, nous les publions dans cette langue avec leur traduction française en vis-à-vis.

La variété des auditoires a entraîné, on s'en rendra compte, une variété de styles: du ton très officiel de l'homme d'État, on passe à un autre plus intime, plus humoristique, plus proche de la conversation. Cette diversité nous paraît apporter un éclairage supplémentaire à une réflexion complexe puisque se manifestant dans tous les domaines de la vie de notre nation.

Comme maison d'édition, notre rôle n'est certainement pas de prendre parti dans le débat en cours, mais plutôt de fournir à la réflexion, et même à la méditation, ces éléments moins frappants et moins émotifs que ceux donnés par la presse parlée et écrite, mais combien solides et consistants.

Nous faisons nous aussi ce beau pari qui caractérise la démocratie: la qualité des décisions populaires dépend, en grande partie, de la qualité et de la variété des renseignements mis à la disposition des électeurs.

C'est donc en restant fidèle aux traditions de notre maison qui publiait voici 20 ans Les Insolences du frère Untel *et voici 12 ans* Option Québec, *que nous avons voulu porter ce livre à l'attention du public.*

Pierre Turgeon, éditeur.

1967 — 1976

On reconnaîtra, dans les deux petits textes de 1967, leur brièveté aidant, les éléments essentiels de ce que nous proposons et approfondissons de notre mieux depuis treize ans. Les mêmes qu'on retrouve maintenant dans la question référendaire. C'est d'ailleurs l'unique raison pour laquelle le projet de ce modeste recueil m'a paru indiqué: il permet de souligner une continuité qui ne s'est pas démentie.

Bien sûr, elle s'est pliée à certaines évolutions; elle a eu à subir aussi, à l'occasion, des pressions venues du dedans au moins autant que du dehors. Rien de plus normal dans cette arène de l'action politique, où les tensions sont fatalement à la mesure des convictions.

Mais le noyau central de cette option, que le coeur aussi bien que la raison sans compter l'expérience vécue n'ont cessé de renforcer depuis le début, est parvenu à demeurer intact. Aux citoyens de juger, d'ici quelques semaines, si cette feuille de route que nous étions quelques centaines à esquisser, tout là-bas en 1967, mérite d'être adoptée par le Québec des années quatre-vingt.

...1967, alors que cette petite escouade de libéraux que nous étions encore se voyait refuser la moindre chance d'en discuter sérieusement. C'est à ce congrès, le premier après la défaite mal digérée et surtout mal interprétée de 1966, que s'amorça ainsi le repli de ce parti, qui avait été celui de la Révolution tranquille, sur des positions de plus en plus statiques et conservatrices. Un repli que sa direction actuelle semble vouloir conduire jusqu'à l'extrême conclusion "logique" que serait le refus de toute perspective de changement. Au point de ressembler souvent à un rejet systématique du mouvement même de la vie.

Avec çà et là quelques sursauts, dus surtout à des hommes qui, excédés, quittèrent presque tous la scène en 76 ou avant, c'est foncièrement ce réflexe qui devint de plus en plus conditionné pendant les neuf années qui suivirent 67.

Années au cours desquelles, de notre côté, nous traversions non pas le désert, mais bien plutôt la nécessaire, difficile et stimulante période d'enracinement et de croissance que doit vivre toute idée-force pour se tailler sa place sur un terrain politique occupé depuis si longtemps par les vieux partis et leurs orthodoxies d'une stérilité devenue désespérante.

Et cela nous mena, enfin, jusqu'à la veille du dernier scrutin...

René Lévesque

1
Dès 1967: la souveraineté-association

«Un Québec souverain dans une nouvelle Union canadienne», résolution présentée en septembre 1967 par le comté de Laurier au Congrès du Parti Libéral du Québec.

La crise constitutionnelle, ce n'est pas une «invention»... Non seulement elle existe, mais elle va sans cesse s'aggravant et approche du point d'ébullition.

Même ceux que cela dérange, même ceux à qui cela fait peur doivent se rappeler que c'est le Québec qui a déclenché cette crise — et que c'est lui aussi, par conséquent, qui doit trouver en lui-même la lucidité et le courage d'en amorcer le dénouement.

C'est particulièrement le devoir du Parti libéral. En effet, tous les partis québécois ont contribué à créer et accélérer ce courant qui nous emporte, mais c'est nous qui avons été les premiers et principaux responsables.

C'est nous qui avons présidé à la révolution tranquille, point de départ et grande étape initiale d'un mouvement devenu irréversible.

Et maintenant, c'est nous qui sommes le principal parti d'opposition... lieu propice à la prospection et à la préparation de l'avenir.

Si le Parti libéral devait renier son passé le plus récent et le plus glorieux, reculer devant le bond en avant dont l'occasion (avec l'obligation) lui est offerte, ce pourrait être au péril de sa vie.

Car les partis, aussi, peuvent mourir.

Le congrès qui va s'ouvrir est donc celui d'une chance et d'un risque suprêmes.

C'est dans cette perspective, qui est très réelle, qu'on vous prie d'examiner l'option précise que vous trouverez dans ces pages.

Elle prend la forme d'une résolution qui fut adoptée, conformément aux exigences de la constitution du parti, par une de nos associations de comté.

Elle s'appuie sur un « texte de base » dont l'auteur a eu le concours inestimable d'un groupe de personnes — des militants, tous — aussi sincères que conscients de la gravité de cette démarche commune.

Le tout vous est présenté, sans chantage ni crois-ou-meurs, comme à des citoyens responsables qui, à un moment décisif, veulent faire de l'action politique dans un parti sérieux où l'on discute en adultes qui se respectent.

Résolution

Il y a des moments-clés de son existence où l'audace et le courage tranquilles deviennent pour un peuple la seule forme de prudence qui s'impose.

S'il n'accepte pas alors le risque calculé des grandes étapes, il peut manquer sa carrière à tout jamais, exactement comme l'homme qui a peur de la vie.

Or, sur le chemin de la survie assurée et du progrès permanent où il n'est permis à aucun peuple de s'arrêter, nous piétinons depuis quelque temps à un carrefour crucial: il s'agit de choisir le statut politique qui nous convient le mieux, c'est-à-dire la voie qui nous permette d'accomplir le plus sûrement et le plus efficacement les étapes nécessaires.

D'une part, le Québec s'est attaché depuis quelques années à un exténuant «rattrapage» collectif dans une foule de domaines où les retards s'étaient accumulés. Si incomplètes et imparfaites qu'elles soient, les réalisations nous ont déjà permis de découvrir que plus nous acceptons de faire notre «ouvrage» nous-mêmes, plus nous nous sentons capables tout compte fait de réussir aussi bien que les autres. Ce sentiment très normal d'être mieux servi par soi-même, s'ajoutant à l'inévitable pression des besoins et des aspirations qui monte sans cesse, a eu pour résultat l'établissement d'un dossier de plus en plus précis et qui va s'allongeant: celui des pouvoirs dont le Québec s'aperçoit qu'il ne saurait se passer, et des instruments et ressources qu'il lui faut pour les exercer. Ce dossier, sans cesse repris et que plus personne n'a le droit d'ignorer, constitue pour nous un strict minimum.

Mais d'autre part, il nous semble que ce serait rêver de croire que, pour le reste du pays, il puisse s'agir là d'autre chose que d'un maximum tout à fait inacceptable. Dans une optique de simple révision ou même de refonte constitutionnelle, ce que nous avons à réclamer dépasse de toute évidence non seulement les meilleures intentions qui se manifestent à Ottawa et dans l'autre majorité, mais sans doute aussi l'aptitude même du présent régime fédéral à y consentir sans éclater.

Si le Québec s'engageait dans des pourparlers de révision des cadres actuels et qu'il y persistait, il est clair que dans cent ans il ne serait pas encore sorti du bois. Mais alors, il est bien probable que cette nation qui cherche présentement à s'y faire une patrie acceptable ne vaudrait plus guère qu'on en parle. Car ce serait périodiquement le retour lamentable à la vieille lutte défensive et aux escarmouches dans lesquelles on s'épuise en négligeant le principal, avec les rechutes dans l'électoralisme à deux niveaux, les illusions pernicieuses du nationalisme verbal et *surtout* cet invraisemblable gaspillage d'énergie qui, pour nous, est sûrement l'aspect le plus néfaste du régime.

Or, ce gaspillage d'énergie, on en souffre aussi du côté anglais du Canada. Le régime empêche tout aussi bien l'autre majorité de simplifier, de rationaliser et de centraliser comme elle voudrait des institutions qui lui apparaissent, à elle aussi, désuètes. Épreuve qu'elle endure avec un sentiment de frustration qui risque de toute évidence de devenir bientôt intolérable.

Dans cette quête parallèle de deux sécurités et de deux progrès collectifs, si l'on prétendait la poursuivre dans les structures actuelles ou quoi que ce soit d'approchant, on ne pourrait aboutir qu'à une double paralysie. Cherchant en fin de compte la même chose — la chance de vivre leur vie, à leur façon, selon leurs besoins et leurs priorités — les deux majorités ne pourraient aller que se cognant toujours plus durement l'une contre l'autre et se faisant réciproquement un mal qui finirait par être sans remède.

Nous *croyons* qu'il est possible d'éviter ce cul-de-sac conjoint en adaptant à notre situation les deux grands courants qui dominent notre époque: celui de la liberté des peuples et celui des groupements politiques et économiques librement négociés.

Convaincus, en outre, que le danger réside bien moins dans une option claire et nette que dans les présentes hésitations et l'instabilité croissante qui les accompagne, nous *proposons* donc ce qui suit:

1° Il faut d'abord nous débarrasser complètement d'un régime fédéral complètement dépassé, le problème ne pouvant se dénouer ni dans le maintien ni dans aucun aménagement du statu quo.

Cela veut dire que nous devons oser saisir pour nous l'entière liberté du Québec, son droit à tout le contenu essentiel de l'indépendance, c'est-à-dire à la pleine maîtrise de toutes et chacune de ses principales décisions collectives.

Cela veut dire que le Québec doit devenir un État souverain.

Là seulement, nous trouverons enfin cette sécurité de notre «être» collectif qui, autrement, ne pourrait que demeurer incertaine et boiteuse. Là seulement, nous aurons enfin l'occasion — et l'obligation — de déployer au maximum nos énergies et nos talents pour résoudre, sans excuse comme sans échappatoire, toutes les questions importantes qui nous concernent.

En plus d'être la seule solution logique à la présente impasse canadienne, c'est là aussi l'unique but commun qui soit exaltant au point de nous rassembler tous, assez unis et assez forts pour affronter tous les avenirs possibles.

2° Au Canada anglais, il faut alors proposer de maintenir une association non seulement de voisins mais de partenaires dans une entreprise commune sans laquelle il nous serait, aux uns et aux autres, presque impossible de conserver et de développer sur ce continent des sociétés distinctes des États-Unis.

Cette entreprise, elle est faite essentiellement des liens, des activités complémentaires, des innombrables intimités économiques dans lesquelles nous avons appris à vivre. Nous n'en détruirions l'armature que pour avoir tôt ou tard, peut-être trop tard, à la rebâtir. Une telle association nous semble faite sur mesure pour nous permettre, sans l'embarras de rigidités constitutionnelles, de faire les mises en commun, avec les consultations permanentes, les souples ajustements et les mécanismes appropriés, qu'exige notre intérêt économique commun: union monétaire, communauté tarifaire, coordination des politiques fiscales... À quoi rien n'interdirait, à mesure que nous apprendrions à mieux nous comprendre et à mieux coopérer dans ce contexte nouveau, d'ajouter librement d'autres secteurs où la même communauté d'action nous paraîtrait mutuellement avantageuse.

Bref, un régime dans lequel deux nations, l'une dont la patrie serait le Québec, l'autre réarrangeant à son gré le reste du pays, s'associent dans une adaptation originale de la formule courante des marchés communs, pour former un nouvel ensemble qui pourrait, par exemple, s'appeler l'*Union canadienne*.

2
D'abord un vrai gouvernement puis le référendum

Appel à la nation, allocution télévisée le 12 novembre 1976.

Nous touchons à la fin de la plus courte campagne électorale de l'histoire politique du Québec, lancée prématurément par monsieur Bourassa, comme s'il avait craint de nous laisser le temps de réfléchir et d'avoir le loisir de bien peser un bilan de plus en plus désastreux.

Voilà ce que maquille, avec des prétextes... aussitôt oubliés par celui qui les a inventés, le désir supposé d'obtenir un mandat historique pour une discussion constitutionnelle.

D'ailleurs, là-dessus, comme sur le reste des problèmes perpétuellement négligés, des promesses souvent renouvelées pour la nième fois, comment le gouvernement Bourassa, s'il était reporté au pouvoir avec — évidemment — pas mal moins des cent deux députés de 1973 — pourrait-il réaliser ce qu'il n'a pas su faire avec la plus excessive majorité de tous les temps?

Comment, par exemple, les libéraux sortants peuvent-ils se tenir debout devant les autres libéraux qui sont à Ottawa, alors qu'ils n'ont pas su le faire convenablement en six ans et demi?

Depuis dès le début de la période électorale, ils se sont laissés littéralement envahir par un groupe de naufragés fédéraux qui sous la conduite du tandem Marchand-Mackasey, n'ont guère caché leur intention, pas tellement discrète, moins de renforcer ou sauver mais plutôt de contrôler un ex-gouvernement déjà si faible et impuissant. (...)

Le passé étant, hélas, garant de l'avenir (même en période électorale), on nous est arrivé avec l'habituel catalogue improvisé de vieilles et nouvelles promesses que monsieur Bourassa lui-même n'a même pas lu...; et l'inévitable cortège de ces peurs artificielles qui nous diminuent — par lesquelles on espérait escamoter la reddition de comptes et créer assez de panique pour aller se chercher prématurément un nouveau mandat.

Eh bien, quant à moi, si on parle de peur, ce qui me ferait peur — une peur très réelle et terriblement ancrée dans la réalité — c'est qu'encore quatre ans de ce régime-là, et le gouvernement québécois serait devenu une affaire quasiment impossible.

Mais celles que monsieur Bourassa et les siens tentent, de leur côté, de semer partout encore une fois, ne sont pas justifiées. (Ces peurs toutes basées sur le mot «séparatisme» et sur les craintes qu'on peut inspirer en laissant croire — faussement — que nous, du P.Q., serions assez irresponsables pour essayer de jeter les Québécois tête première, sans les consulter, dans un changement aussi fondamental que la souveraineté politique.)

Nous savons très bien que c'est impossible.

Nous savons tout aussi clairement que nous n'avons pas le droit d'agir comme ça...

Comme bien d'autres, j'espère de tout mon coeur qu'on y arrivera, à devenir vraiment «maîtres chez nous», politiquement, économiquement, culturellement, comme font tous les peuples qui veulent sortir de l'insécurité et de l'infériorité collectives (ce qui n'exclut ni l'amitié ni les associations d'égal à égal avec ceux qui nous entourent).

Mais si les électeurs nous font confiance le 15 novembre, nous nous sommes engagés à ne pas le faire sans le consentement majoritaire des Québécois, par la voie éminemment démocratique et claire d'un référendum, par un vote spécifique, quand les pour et les contre auront eu tout le temps et les tribunes nécessaires pour éclairer l'opinion.

Et si les sondages montrent bien, me semble-t-il, qu'une majorité pourrait se dessiner pour un changement de gouvernement, une autre majorité n'est pas encore acquise à l'idée d'un changement de régime. Le 15 novembre donc, ce que nous offrons, ce que nous devons offrir, c'est d'abord et aussi longtemps que les Québécois ne se seront pas prononcés par la suite tout simplement un nouveau gouvernement provincial mais aussi, nous le croyons, un nouveau départ, une relance politique dont le besoin se fait dangereusement sentir...

Nous pouvons sans témérité nous engager à remettre au plus vite de l'ordre, des priorités humaines et de l'intégrité, autant qu'il est humainement possible, dans l'administration de nos affaires publiques. (...)

C'est le premier engagement précis et concret que nous avons pris au début de la campagne et c'est aussi le premier que nous tâcherions de tenir de toutes nos forces.

Comme vous le savez, nous avons aussi un programme démocratique, incomplet comme tous les programmes, où il y a des manques et même des erreurs, mais qui trace pour l'avenir une perspective qui nous paraît non seulement stimulante, mais capable de mobiliser dans tous les secteurs ce que nous avons de meilleur, chez nous, en nous, comme talents et ressources, comme capacité encore inexplorée de bâtir une société plus juste et en même temps plus prospère et sans cesse plus confiante en elle-même.

En attendant de pouvoir réaliser d'année en année cette construction de l'avenir qui doit toujours se faire dans le présent concret, de concert avec tous les gens d'aujourd'hui, nous avons dû nous contenter, dans l'incertitude à laquelle nous condamnent les gaspillages et la mauvaise administration du gouvernement sortant, d'un nombre modeste d'engagements partiels, mais vraiment prioritaires, que nous avons soigneusement pesés, calculés, pour être sûrs de toucher de vrais besoins criants. Et nous sommes sûrs aussi d'en avoir les moyens dans les mois qui viennent.

Il s'agit d'une première étape essentielle du côté de l'assurance-automobile qui achève de nous égorger.

Il s'agit d'amorcer sans délai des mesures pour pallier la crise aiguë du logement.

Il s'agit de quelques compléments absolument indiqués à l'assurance-maladie, pour les personnes âgées, les jeunes qui grandissent, les cas d'urgence pour lesquels on manque d'ambulances un peu partout.

Il s'agit de redonner concrètement et sans délai sa priorité indispensable à une politique agricole pour enrayer la dégringolade des revenus, le découragement des nouveaux agriculteurs et la spéculation qui dévore nos meilleurs sols.

Il s'agit également de commencer tout de suite à empêcher trop de nos municipalités de s'en aller à la faillite et trop de nos petits propriétaires de se laisser aller au découragement complet.

Il s'agit, enfin, d'employer tout de suite tout ce qu'on peut, dans l'énorme pouvoir d'achat du gouvernement, public ou para-public, pour soutenir et stimuler d'abord nos petites et moyennes entreprises coopératives ou privées, qui nous appartiennent et qui sont bon an mal an les principaux créateurs d'emplois partout au Québec.

Et puis, bien sûr, il devra s'agir de tout le reste, à mesure que les moyens seront disponibles.

Et pour s'y mettre sérieusement, de tout son coeur, le P.Q. vous présente cette fois une équipe d'hommes et de femmes — des vétérans qui ont pioché et fait des sacrifices, des nouveaux que leurs convictions ont jeté dans ce grand risque le mois dernier — une équipe où il y a expérience et enthousiasme comme jamais et qui aussi est mieux balancée que jamais. (...)

Une équipe où toutes et tous s'engagent, si vous nous faites confiance lundi, à faire du gouvernement du Québec ce qu'il devrait toujours être — le premier de nos services publics essentiels.

3
La nouvelle entente entre à l'Assemblée nationale

Extraits du Message inaugural prononcé à l'Assemblée nationale du Québec, le 8 mars 1977.

Le 15 novembre dernier, l'Assemblée nationale du Québec se métamorphosait.

Or, on l'a déjà dit, ce bouleversement électoral n'est pas apparu d'abord, ni même principalement, comme le résultat direct de l'action des partis. À notre humble avis, ce qui est vraiment arrivé, c'est l'expression éclatante, et jusqu'au dernier moment plutôt inattendue, d'une prise de conscience collective qui avait fait son chemin peu à peu, en se précisant et en s'accentuant d'année en année.

C'est le plus normal des phénomènes que ce genre de cycle qui, dans l'évolution d'une société, vient périodiquement lui permettre de faire le point sur elle-même, d'exprimer avec une clarté inhabituelle certaines de ses plus fortes et profondes aspirations aussi bien que les plus aigus de ses sujets de mécontentement, et ainsi de faire savoir pour un certain temps comment elle entend corriger le présent et aménager l'avenir.

Voilà, selon nous, l'événement qu'a vécu, l'automne dernier, le peuple québécois ou plus précisément le Québec français. Et nous n'avons pas à cacher la fierté que nous ressentons, de ce côté-ci de la Chambre et partout où nous sommes présents et actifs, d'avoir été désignés par les citoyens pour être les instruments politiques de cette étape de renouveau.

Aucun parti, bien sûr, pas plus qu'aucun homme ni aucune femme, n'aurait la prétention ridicule d'aller jamais s'imaginer qu'il puisse pleinement mériter un tel choix. Aux plans du Parlement et du gouvernement, comme partout dans la vie, les instruments humains seront toujours terriblement imparfaits. Mais l'imperfection même dont nous sommes bien conscients n'est qu'une incitation de plus à consacrer tous les dons et toutes les énergies dont on peut disposer, ou qu'on peut mobiliser, à l'accomplissement des projets et des réformes — de relance comme de remise en ordre — que le peuple a très évidemment souhaités.

La suite de ce discours, et puis la session tout entière, diront si nous n'avons pas trop mal compris ces exigences et si nous tâchons adéquatement d'y répondre pendant la première année de notre mandat. Mais pour commencer, il serait utile, même indispensable, d'essayer de définir quelques-uns des traits principaux du visage que le Québec semble vouloir se donner dorénavant et qu'il espère sans doute que nous tous, des deux côtés de cette Chambre, nous aidions à modeler solidement pour l'avenir.

Parmi ces choses qui se passent en nous de ce temps-ci et qu'on doit sentir à moins d'être vraiment coupé du peuple québécois, il en est une qui est peut-être la plus importante de toutes: c'est ce sursaut extraordinaire de confiance en soi qui a sans aucun doute constitué la caractéristique la plus saisissante du scrutin de novembre et de ses lendemains.

En réagissant comme elle l'a fait contre l'arsenal naguère encore si puissant des propagandes de la peur et de la petitesse, notre collectivité a franchi un seuil qui mérite inconstestablement ce qualificatif d'historique dont on abuse trop souvent. Il y avait là un tournant si clairement perceptible et si sain à la fois que, même chez ceux que les résultats avaient déçus, il en est beaucoup qui se sont mis à partager par la suite, la fierté tranquille et décontractée par laquelle le Québec était parcouru. Cette fierté nouvelle et cette confiance en soi, issues d'un processus parfaitement démocratique, représentent à la fois un progrès sans précédent et un tremplin pour le lancement de tous les projets et de tous les espoirs réalisables. (...)

Il y a d'abord la question fondamentale entre toutes que pose l'évolution politique du Québec, avec les échéances qu'elle commande. Le seuil que j'évoquais au début, ce seuil que le Québec franchissait démocratiquement le 15 novembre dernier, c'était celui de la maturité nationale. À partir de là, un peuple peut commencer calmement à évoluer et à bâtir lui-même sa carrière propre, comme aussi à définir ou redéfinir ses relations avec les autres. Tout le monde respectera sûrement ce droit indiscutable que possède le peuple québécois de s'autodéterminer et l'exercice qu'il sera appelé à faire de ce droit. En première étape, l'Assemblée nationale aura à se prononcer dès cette session, sur une loi permettant la tenue du référendum auquel le gouvernement s'est engagé à procéder avant la fin de son présent mandat. Ce projet de loi sera soumis à l'examen d'une commission parlementaire, afin que tous aient l'occasion de s'exprimer sur son contenu.

Parallèlement, le gouvernement précisera l'option qu'il propose aux Québécois. C'est celle de la souveraineté nationale, comme chacun sait, c'est-à-dire le seul régime qui puisse à notre avis assurer notre pleine sécurité et notre plein épanouissement. Mais c'est en même temps tout le contraire d'une option d'isolement ou de repli sur soi. Il s'agit d'établir plutôt un nouveau type d'association inspirée de formules que bien d'autres peuples pratiquent déjà, et qui leur a grandement servi à coopérer et à se développer ensemble, mais sans les tensions permanentes, les inégalités politiques et les risques permanents d'animosité du fédéralisme traditionnel. Quoi qu'il en soit, nous avons entrepris sur les modalités de cette association une étude complète, dont les résultats vous seront communiqués, comme à tous les citoyens du Québec, aussitôt qu'ils seront disponibles.

4
Nous sommes des Québécois et le Québec est au monde

Discours prononcé par le Premier ministre du Québec à Paris, devant les membres de l'Assemblée nationale française, le 2 novembre 1977.

C'est une vraie reconnaissance, la reconnaissance de l'essentiel, que vous accordez aujourd'hui au peuple québécois, en me faisant l'honneur de me recevoir à l'Assemblée nationale. (...)

Je vous remercie en son nom de me permettre ainsi, en m'adressant à vous, de parler du même coup à la nation française et à tous ceux de par le monde qui entendent avec une facilité et une sympathie particulières les choses que la France accepte d'écouter.

Or, les choses dont je vais vous entretenir brièvement méritent, je crois, l'intérêt que manifestent votre invitation et votre présence.

Il s'agit d'un peuple qui, pendant longtemps, s'est contenté pour ainsi dire de se faire oublier pour survivre. Puis il s'est dit que si pour durer valablement il faut s'affirmer, il peut devenir souhaitable et même nécessaire de s'affranchir collectivement. Il est donc arrivé, il y aura un an dans quelques jours, qu'un parti soit porté au pouvoir, dont la raison d'être initale et toujours centrale est justement l'émancipation politique. Et quoi qu'on ait prétendu et qu'on prétende encore dans certains milieux qui n'ont guère prisé l'événement, les électeurs savaient fort bien ce qu'ils faisaient, ils n'étaient ni ignorants ni distraits. Et bien des gens, même chez ceux qui s'y opposaient, ont ressenti une grande fierté de cette victoire sur le chantage propre à tous les régimes qui se sentent menacés.

Il est donc de plus en plus assuré qu'un nouveau pays apparaîtra bientôt démocratiquement sur la carte, là où jusqu'à présent un État fédéral aurait bien voulu n'apercevoir qu'une de ses provinces parmi d'autres, et là où vit la très grande majorité de ceux que vous appelez souvent «les Français du Canada»: expression dont la simplicité, qui rejoint quelque chose d'essentiel, est pourtant devenue trompeuse en cours de route.

Mais commençons par tout ce qu'elle conserve d'authentiquement vrai. Sur quelque deux mille kilomètres du nord au sud et plus de quinze cents de l'est à l'ouest, le Québec est, physiquement, la plus grande des contrées du monde dont la langue officielle soit le français. Plus de quatre sur cinq de ses habitants sont d'origine et de culture françaises. Hors de l'Europe, nous formons donc la seule collectivité importante qui soit française de souche. Nous pouvons, tout comme vous, évoquer sans rire nos ancêtres les Gaulois. Et même, comme nous ne sommes pourtant que six millions au coin d'un continent comptant quarante fois plus d'anglophones, il nous advient de nous sentir cernés comme Astérix dans son village... et de songer aussi que l'Amérique du Nord tout entière aurait fort bien pu être gauloise plutôt que... néo-romaine. Car ce fut un incroyable commencement que le nôtre. De la Baie d'Hudson et du Labrador tout en haut jusqu'au Golfe du Mexique tout en bas, et de Gaspé près de l'Atlantique jusqu'aux Rocheuses d'où l'on voit presque le Pacifique, c'est nous — et c'est donc vous en même temps — qui fûmes les découvreurs et aussi les premiers européens à prendre racine. Les pélerins du *Mayflower* n'avaient pas encore tout à fait levé l'ancre pour aller fonder la Nouvelle-Angleterre, que déjà Champlain avait érigé à Québec son *Abitation* et que la Nouvelle-France était née.

Et puis, pendant cent cinquante ans, guerriers et missionnaires, colons et coureurs des bois, écrivirent bon nombre des pages les plus extraordinaires, sinon les mieux connues, des dix-septième et dix-huitième siècles.

Quand j'étais petit gars, comme tous les enfants, j'avais mon héros personnel, que j'ai sûrement partagé avec d'innombrables jeunes Québécois. Il s'appelait Pierre Lemoyne d'Iberville. De tous ceux qui, par des froids polaires comme des chaleurs torrides, sillonnèrent le Nouveau-Monde, il fut sans doute le plus fulgurant. Si son théâtre d'opérations n'avait pas été ces lointains espaces, ou encore la vieille France, on me permettra de le dire, eût-elle été un peu moins exclusivement rivée à l'Europe, vous auriez aujourd'hui une multitude de petits Français qui rêveraient eux aussi à d'Iberville.

Quoi qu'il en soit, cette histoire-là, pendant un siècle et demi, elle fut la nôtre — et la vôtre également. Et je me souviens qu'en arrivant au dernier chapitre, celui qui se termine par défaite et conquête, on perdait le goût de savoir la suite et l'on revenait plutôt inlassablement au début, parce que la suite, n'en déplaise à nos concitoyens d'origine britannique, ça nous semblait devenu en quelque sorte l'histoire des autres.

Car cette défaite, on l'a bien décrite en disant qu'elle en fut une au sens premier de l'expression, c'est-à-dire que quelque chose en sortit littéralement défait, démoli, et pour longtemps. Et ce quelque chose, c'était cette *aptitude à devenir une nation normale* qu'un intendant du Roi, comme bien d'autres observateurs, avait notée dans un rapport à Versailles. Si la colonisation française, la plus faible, n'avait pas eu à se heurter à la plus forte qui était l'anglaise, l'évolution de ces Canadiens, dont personne d'autre alors ne portait le nom, les aurait menés à la pleine existence nationale tout aussi sûrement, et pas tellement plus tard, que les treize autres colonies plus populeuses qui devaient bientôt se baptiser les États-Unis.

Il ne s'agit pas ici d'idéaliser nostalgiquement cette toute petite société de quelques dizaines de milliers de pauvres gens qui, en 1760, eurent à subir dans la vallée du Saint-Laurent une domination étrangère destinée à demeurer longuement permanente. Comme toutes les autres colonies de l'époque, ce n'était encore que la dépendance d'une métropole à la fois naturelle et lointaine et dont le pouvoir, une fois son oeuvre accomplie, aurait cessé chez nous comme ailleurs, n'eût été la rupture de continuité. Déjà, en effet, la distance, le climat, les contacts suivis avec la population indienne, les aventures continentales, avaient façonné une mentalité et un mode de vie de plus en plus différents de ceux de la mère-patrie. Il y avait là, en puissance, une nation, française bien sûr, mais de personnalité tout aussi capable de vivre sa vie, d'être présente au monde.

C'est cela que la défaite vint briser, mais sans parvenir toutefois à en effacer le rêve. Un rêve assez fort, quoique d'ordinaire inavoué, pour nourrir jusqu'à nos jours une identité et une idée nationales que, seuls, la faiblesse numérique et l'isolement total empêchèrent de se réaliser.

Mais bientôt le nombre se mit à augmenter et la «revanche des berceaux» vint le multiplier si prodigieusement, que le grand historien Toynbee affirmait un jour qu'à son avis, lorsque sonnerait la trompette du jugement dernier, deux peuples seulement seraient sûrs d'y être encore: les Chinois... et nous.

Et tout le long de ce cheminement laborieux de la «survivance», une absence jusqu'à tout récemment nous avait toujours paru singulièrement criante et assez incompréhensible: c'était celle de la France. Il n'y avait entre nous depuis deux siècles, souligné plutôt qu'amoindri par la participation commune aux deux grandes guerres, un fossé d'ignorance et de méconnaissance que nos relations à peine épisodiques ne parvenaient qu'à creuser davantage.

Aussi n'est-il pas excessif, du moins pas beaucoup, de dire: «Enfin De Gaulle vint...». Non pas seulement ni même surtout pour ce *Vive le Québec libre,* cet accroc prophétique qui retentit tout autour du monde. Il faut se rappeler que, bien avant, dès 1961, le Général avait tenu à présider, avec le Premier ministre Lesage, à de véritables retrouvailles entre la France et le Québec et, sans doute poussé par sa passion pour le vieux pays et ce qu'il a produit de plus durable, il s'était donné la peine d'étudier le dossier de ce rejeton unique que nous sommes. Et ce dossier, je puis vous dire qu'il le connaissait à fond, mieux que quiconque, sauf les premiers intéressés.

Cette connaissance, elle était en effet parfaitement à la page. Ce n'était plus celle uniquement des «Canadiens» de l'ancien régime ni des Canadiens français de naguère, mais c'était aussi celle des Québécois, comme on disait déjà de plus en plus. Car au cours de ces années soixante, à la suite d'une maturation dont personne ne s'était trop rendu compte, c'était le Québec qui émergeait brusquement, le Québec tout court et non plus la «Province de Québec», colonie intérieure dans le Canada fédéral. Émergence sans hostilité, d'ailleurs, ni la moindre intention revancharde, qui indiquait tout simplement une auto-affirmation dont l'heure avait enfin sonné, en attendant celle de l'autodétermination.

À cet éveil rapide, que nous fûmes nous-mêmes les premiers à juger étonnant, on a donné le nom de Révolution tranquille, ce qui n'était pas mal trouvé. Révolutionnaire, ce l'était réellement, si l'on accepte qu'un bouleversement fondamental puisse se passer de tueries et de ruines. Tranquille, par conséquent, marqué par cette continuité dans le changement, même le plus radical, qui est l'une des caractéristiques de notre peuple. Tranquillement donc, mais sur tous les plans, on assista à un déblocage aussi soudain que l'est au printemps la rupture des embâcles sur nos rivières. Et le terroir se mit à fleurir et produire comme jamais: une réforme aussi profonde que tardive de l'éducation, la mise en place d'une administration moderne, si bien organisée qu'elle donne elle aussi les signes d'un mal bureaucratique qui n'est pas que français, mais également une pensée sociale qui, sur quelques points majeurs, passait rapidement de l'arrière à l'avant-garde, et puis encore une conscience de plus en plus aiguë des responsabilités comme des enjeux essentiels de la vie économique.

Et comme il est normal, tout cela fut annoncé puis accompagné par les artistes, une pléiade sans précédent d'écrivains, de peintres, de cinéastes, d'architectes, et surtout ces superbes poètes populaires, dont plusieurs sont bien connus en France, qui nous ont fait un répertoire de chansons dans lesquelles, sans oublier les vieux airs de vos provinces qui nous avaient bercés, nous retrouvons désormais notre visage et nos accents d'aujourd'hui avec l'écho précis de nos réussites, de nos échecs et de nos projets. C'est ce Québec nouveau, renouvelé, que De Gaulle s'était donné la peine de voir. Contrairement à ce que d'aucuns ont pu penser, il n'avait pas eu à l'«inventer». (...)

Inévitablement, cette métamorphose se devait de susciter la création d'un instrument pour l'exprimer politiquement et essayer de la conduire à son accomplissement normal. Cet instrument, le Parti québécois, nous fûmes d'abord quelques centaines, puis plusieurs milliers, à le mettre au monde en 1967-68. Avec ces deux objectifs qui sont demeurés jumelés depuis lors: souveraineté et association. Soit un État québécois souverain acceptant, ou plutôt offrant à l'avance de nouveaux liens d'interdépendance avec le Canada, mais des liens à négocier cette fois librement entre peuples égaux, en fonction de leur évidence géographique et de leurs intérêts les plus indiscutables.

Ces deux objectifs, qui peuvent sembler contradictoires, sont en réalité parfaitement complémentaires, et s'ils comportent un pari, ce dernier nous paraît tout aussi logique aujourd'hui qu'il y a dix ans, alors que nous le faisions pour la première fois, en prévoyant aussi dès lors toutes ces stratégiques fins de non-recevoir qu'on nous oppose périodiquement en dépit du bon sens. Devant tout changement qui dérange, même lorsqu'on sait au fond qu'il va falloir y passer, la première réaction de l'ordre établi est infailliblement négative. D'abord et aussi longtemps que faire se peut, on dit toujours: jamais. Comme le Roi Canut qui se faisait fort d'arrêter la marée...

Voilà donc en bref l'option nationale inscrite depuis les débuts au coeur d'un programme politique dont chaque paragraphe, chaque mot même, a été rigoureusement soumis à l'attention de tous les Québécois. Mais comme les autres, bien sûr, au-delà de ces questions existentielles mais assez peu quotidiennes qu'on règle — pour un temps — dans les constitutions, notre peuple vit également tous les problèmes, les frustrations et les aspirations des hommes et des femmes de son temps. C'est pourquoi nous devons nous efforcer aussi, en cours de route, de répondre le moins mal possible, avec les compétences que daigne nous accorder le régime fédéral, à ces exigences de nos concitoyens.

L'ensemble du projet de société que nous avons tenté de dessiner, d'autres que nous lui ont collé une étiquette européenne de marque: celle de la social-démocratie. Il me semble toutefois préférable de parler plus simplement de démocratie sans qualificatif, ce vieil idéal qu'on n'atteindra jamais complètement, qu'il faut donc poursuivre avec persistance afin de l'instaurer autant qu'on peut dans tous les coins de la vie où il fait encore si grandement défaut: dans le logement comme dans l'entreprise, pour les vieux comme pour les jeunes, pour les femmes, pour les consommateurs, pour les laissés-pour-compte de la croissance, mais d'abord et avant tout, et avec une rigueur toute spéciale, dans l'action politique. Le droit d'être électeur n'appartient qu'aux seuls citoyens. Il n'y a donc pas de raison — et nous en avons ainsi décidé dans une loi — de permettre aux sociétés ou aux syndicats ou à quelque «groupe de pression» que ce soit de se mêler financièrement de la vie des partis. C'est là pour nous, dans la situation où nous sommes, une exigence démocratique de base. Et si une vraie démocratie doit pouvoir s'installer partout, il faut, bien sûr, à une société que la tâche intéresse, la pleine et entière liberté de le faire à sa façon, selon ses priorités. C'est ce besoin d'une liberté dont le synonyme le meilleur est à mon humble avis responsabilité, qui explique pour une très grande part notre objectif d'indépendance nationale. Qu'il s'agisse, en effet, de l'aménagement du territoire, de la sécurité sociale ou du progrès économique, les interactions sont telles dans le monde moderne qu'on ne peut mener une politique cohérente et efficace si l'on ne détient que des morceaux de compétence et des fractions des ressources fiscales. Cela appelle des moyens législatifs et financiers que le Québec ne possède pas actuellement et qu'il ne peut trouver que dans l'accession à la souveraineté.

Mais il y a de plus le souci constant, lancinant, même quotidien pourrait-on dire, de maintenir une identité linguistique et culturelle qui a perdu les vieilles sécurités d'un Québec isolé, rural et prolifique, une identité qui est aujourd'hui exposée comme jamais aux grands courants continentaux de la culture américaine et qui risque, par surcroît, d'être «minorisée» par la politique d'immigration d'un État fédéral que nous ne contrôlerons jamais, ainsi que par le poids excessif au Québec d'une minorité anglophone dont les milieux dirigeants exercent depuis trop longtemps une influence proprement coloniale. Or, cette identité, après bientôt quatre cents ans, elle est comme l'âme à tel point chevillée à l'organisme du Québec que, sans elle, il n'aurait plus sa raison d'être.

Aussi, en attendant cette sécurité définitive que seules nos propres institutions politiques sauront nous garantir, avons-nous été, dès les premiers mois, le troisième gouvernement québécois d'affilée à se voir dans l'obligation de présenter une loi pour la défense et la promotion d'une langue qui, dans un contexte normal, n'aurait jamais eu besoin d'une telle prothèse.

Et voilà donc pourquoi, dans un référendum que l'on tiendra avant les prochaines élections et qui ne saurait évidemment impliquer que nous seuls, sera proposé le choix d'un Québec souverain, maître politiquement de toute sa vie interne et de son devenir. À quoi absolument rien n'interdit d'assortir cette offre complémentaire que j'évoquais tout à l'heure, celle de négocier avec le Canada une association essentiellement économique qui serait non seulement aussi rentable pour lui que pour nous, mais non moins nécessaire à sa continuité pour peu qu'il y tienne.

De toute façon, le Canada en général sait bien maintenant, presque aussi bien que le Québec, qu'à tout le moins de profondes transformations sont requises. Le régime constitutionnel qui fut concédé à une poignée de colonies du siècle dernier est devenu un carcan. Derrière la fiction des dix provinces, deux peuples distincts et qui ont l'un et l'autre le même droit à l'autodétermination se trouvent non seulement à l'étroit mais en danger de s'empoisonner mutuellement de plus en plus, comme ces deux scorpions, que Churchill évoquait naguère, enfermés dans la même bouteille. Voilà un quart de siècle que l'évolution du Québec pose la question avec une insistance sans cesse croissante. On l'a esquivée tant qu'on pouvait. Mais l'on est maintenant arrivé à un point où, d'échec en échec, l'accord est en train de se faire sur la nécessité d'un renouvellement politique. Plutôt qu'un mauvais compromis de plus, l'association lucide de deux peuples et de deux États que nous proposons nous semble seule susceptible d'assurer de part et d'autre un avenir à la fois plus harmonieux et infiniment plus stimulant. Il ne s'agit pas tant de détruire quelque chose qui est déjà condamné, mais de commencer à bâtir ensemble quelque chose de réaliste, de généreux et d'éminemment prospectif.

Pour nous Québécois, en tout cas, c'est littéralement du droit de vivre qu'il s'agit.

Et cette exigence ne nous apparaît pas seulement naturelle et normale, ce qu'elle est à l'évidence, mais très clairement inscrite aussi dans un mouvement universel. Contre le risque de nouvelles hégémonies, contre les dangers de domestication des esprits, de folklorisation des cultures, la véritable chance d'un nouvel humanisme mondial doit passer par l'apport original et constructif des personnes nationales dont nous sommes. En Amérique où nous tenons le coup depuis si longtemps, notre échec ou notre succès préfigure, à long terme, le succès ou l'échec d'autres peuples également aux prises avec le mal et la rage de vivre et qui cherchent eux aussi leur voie.

À la France et à l'avenir de la langue et de la culture françaises, d'autre part, il ne saurait être indifférent que s'affirme, sur cet autre continent, un peuple libre qui puisse exprimer en français, mais avec son accent à lui, toutes les dimensions du monde d'aujourd'hui.

La France et la francophonie seront par conséquent d'autant plus fortes que sera également fort et sûr de soi ce Québec qui serait d'emblée au onzième rang sur plus de cent cinquante pays pour le revenu national par habitant et à qui ses ressources humaines aussi bien que matérielles promettent une carrière dont seule sa volonté peut fixer les limites.

Les Québécois, comme tout autre peuple normal, vont avoir bientôt à décider entre eux de leur statut politique futur et de leur avenir national. Considérant tout ce qui nous unit, nous attendons cependant de vous et de tous les francophones du monde, compréhension et sympathie. Quoi qu'il advienne, nous entendons maintenir et accroître avec votre peuple, sur un pied d'égalité, ces relations privilégiées si mutuellement fructueuses et bénéfiques à tous égards.

Veuillez transmettre aux hommes et femmes de France les profonds sentiments d'amitié et de fraternité des Québécois et des Québécoises.

5
La surdité du fédéral

Extraits du Message inaugural prononcé à l'Assemblée nationale du Québec, le 21 février 1978.

(...) Il faut bien nous rentrer dans la tête, tous et chacun, que c'est le Québec et son État, ses entreprises et son peuple tout entier, qui auront de plus en plus, dans quelque forme d'avenir que ce soit, à assumer le rôle de maîtres d'oeuvre du développement économique. On doit le prendre à bras le corps dans tous les coins où, déjà, il dépend de nous. Et pousser sans relâche et de toutes nos forces, aussi longtemps que durera le régime actuel, pour faire avancer les choses là où les décisions ne dépendent de nous que partiellement ou pas du tout.

De ce point de vue, je me contenterai d'évoquer à nouveau, mais très brièvement, la profonde déception qu'a laissée derrière elle la conférence fédérale-provinciale de la semaine dernière. On nous faisait éloquemment entrevoir d'Ottawa une vraie offensive d'urgence et d'envergure sur tous les fronts principaux de cette relance économique dont on a tant besoin. Comme nos homologues de toutes les provinces, nous avions préparé nos dossiers sur les questions les plus pressantes où l'État fédéral a le droit strict d'agir, soit exclusivement, soit en bon partenaire, soit encore comme détenteur de la masse budgétaire de loin la plus considérable de toutes. À cet infatigable inventeur de programmes cataplasmes, improvisés, improductifs et éphémères, l'on demandait d'appuyer plutôt les efforts de notre gouvernement du côté des pâtes et papier et de l'industrie minière. On le priait aussi de penser cette fois à hausser un peu les quotas de nos producteurs laitiers qu'il n'a cessé de diminuer depuis trois ans. On lui soulignait de plus, avec toutes les autres provinces, qu'en matière de logement social, il suffirait de remplacer les chinoiseries bureaucratiques imposées à nos prédécesseurs en 1974 par une enveloppe budgétaire globale, et qu'avec les mêmes sommes d'argent on répondrait alors bien plus vite et plus adéquatement aux besoins d'habitation nouvelle ou restaurée des personnes âgées et des familles démunies. Enfin, on se permettait de lui rappeler les $100 millions de manque à gagner de la Loto-Canada qui creusent un trou béant dans le fonds olympique, et les quelque $800 millions que représentent à ce jour les fonctions policières que l'État québécois remplit à sa place. Mais le fédéral n'a daigné accéder ni même répondre clairement à aucune de ces demandes. Elles étaient pourtant formulées en termes raisonnables et fondées sur de vraies urgences, au nom d'une population qui, payant toute sa part dans ce régime, est loin d'en retirer les bénéfices auxquels elle a droit, en matière de création d'emplois tout spécialement.

Voilà une simple addition saisonnière à toutes ces choses autrement plus fondamentales qu'on aura à l'esprit lors du référendum qui fournira au peuple québécois, pour la première fois de son histoire, l'occasion de faire son propre choix de carrière en fixant lui-même librement son statut politique, et partant tout son avenir. (...)

6
Ni statu quo ni rupture

Dépliant de l'Assemblée nationale du Québec pour le comté de Taillon, message du député, avril 1978.

Le Québec, désormais, est en marche, non sans de nombreux obstacles sur sa route.

Devant des phénomènes comme le chômage ou la hausse du coût de la vie qui affectent le monde industrialisé dans son ensemble, nous avons agi sans relâche, partout où nous avions les moyens d'agir: en mettant de l'ordre dans les finances, en stimulant l'activité économique, en soutenant l'emploi, en raffermissant les secteurs les plus éprouvés, en lançant de nouveaux programmes d'assistance financière et en nous efforçant, parallèlement, d'instaurer un meilleur climat social. Bref, en mettant tout en oeuvre pour prendre, malgré nos moyens tronqués d'État provincial, l'initiative pour un développement qui serait enfin orienté par et pour les Québécois.

Car il nous est d'autant plus difficile de coordonner nos efforts en ce domaine que nous ne contrôlons pas les principaux leviers économiques. C'est le gouvernement central qui, dans l'état actuel des choses, avec son énorme budget, son contrôle exclusif des politiques douanières et monétaires, peut en fait déterminer, pour le meilleur ou pour le pire, la marche de l'économie! Et je crois que la situation courante montre bien que ce n'est pas pour le meilleur! Il est clair, de toute façon, que nous ne retirons pas d'Ottawa des services correspondants à l'envoi massif que nous y faisons de nos impôts.

En ce domaine de l'économie, nous allons continuer d'agir avec tout l'acharnement nécessaire, en prenant nos responsabilités et en réaffirmant que c'est l'effort soutenu du plus grand nombre possible de nos concitoyens qui nous permettra de venir à bout de nos difficultés actuelles et, croyons-nous, momentanées.

Nous allons aussi continuer de mettre résolument l'accent sur les droits de la personne: droit au travail, à la santé, au logement, à la justice, à une meilleure qualité de vie, à la protection du consommateur... Promouvoir le social, ce n'est pas seulement faire acte de justice, c'est aussi assurer le mieux possible l'harmonie entre tous les membres de notre société. Bien des signes laissent croire que nous progressons sur ce chemin.

Enfin, dans le domaine constitutionnel, qui est la clé de tous les autres, nous sommes tranquillement en marche, aussi, vers l'accomplissement de notre vocation en tant que peuple et communauté nationale.

Entre le vieux statu quo dépendant est antiproductif du fédéralisme dans lequel on nous enferme encore, et le plongeon dans une indépendance qui exclurait d'office tout dialogue et romprait tous les ponts, la thèse du gouvernement québécois constitue la vraie et la seule troisième voie: la négociation, à la place de la constitution actuelle, d'une vraie confédération, c'est-à-dire d'une association entre deux États souverains. À cette nouvelle entente, qui s'inscrirait dans la continuité logique de notre histoire, les parties ne pourraient que trouver leur compte.

Finalement le problème est simple: aussi loin de la peur trop coutumière que du radicalisme utopique, nous avons désormais les moyens, tous ensemble, de pouvoir ce que nous voulons.

7
La peur, l'estomac et le mépris

Discours prononcé au Congrès des hebdos régionaux à Pointe-au-Pic, le 8 juin 1978.

(...) Chacun de nous a ses appartenances, même si ça commence à se polariser un peu. Mais il reste quand même qu'on est tous pris dans une même société. On est tous des Québécois. Or là, on est à un carrefour et il fallait bien qu'on y arrive depuis le temps que tout le monde disait: «Mais qu'est-ce qu'ils veulent? *What does Quebec want?*», etc... Pour la première fois, non seulement on va avoir besoin de décider, mais c'est nous qui allons devoir d'abord décider tout seuls. Comme ceux qui sont devenus des grands, on ne se fera plus parachuter des décisions par n'importe qui de l'extérieur, on prendra la décision qu'on voudra, mais ça va être la décision la plus importante depuis que Champlain a fondé Québec, parce qu'on a toujours été la colonie de tout le monde. Pour la première fois, c'est à nous de décider. (...)

On a cette décision à prendre et, comme tous ceux qui ont été colonisés depuis leur arrière-arrière grand-père, on va nous traiter comme des coloniaux. En tout cas, on risque sans cesse d'être traités comme des coloniaux, c'est-à-dire à la fois par la peur, par l'estomac et par le mépris. C'est à peu près les trois choses les plus classiques qui ont servi partout dans le monde à empêcher les gens de se décider quand ils avaient l'occasion de le faire.

C'est un instrument difficile, difficile à manoeuvrer, la responsabilité, quand on ne l'a jamais connue. Collectivement on ne l'a jamais eue, alors il est normal qu'on essaie de nous empêcher de mettre la main sur cet instrument. Donc on essaie la peur, on essaie l'estomac (tu vas crever de faim si tu fais ça) et on essaie forcément aussi le mépris, compte tenu que ce qu'il y a de plus terrible dans le mépris, c'est qu'il vient souvent de l'intérieur de nous-mêmes. (...)

Il y a même des gens qui veulent nous rapetisser encore. Hier un personnage du fédéral disait (ils sont un peu excédés de ce temps-là et il y a certains de leurs mauvais coups qui ont mal tourné, ils sont de mauvaise humeur et les sondages ne sont pas toujours très bons, on n'y peut rien, mais ça crée leur morosité), le personnage André Ouellet est donc allé dire quelque part dans l'Ouest: «Ne faites pas de front commun avec le Québec. Même si le Québec a raison, méfiez-vous parce que c'est une bande de saboteurs», etc. Et là, il a commencé à déblatérer en disant en plus: «Pourquoi ils ne font pas disparaître leur ministère des Affaires intergouvernementales, qui devrait être purement et simplement un petit bureau dans les ambassades du Canada?» Autrement dit, on n'a pas le droit de parler aux autres, on est un peuple, mais nous devrions faire disparaître ces gens qui nous représentent ici et là, à l'étranger. C'est assez curieux, parce que, en plus d'être organisateur politique, ce qui est son droit, M. Ouellet est également ministre des Affaires urbaines. Et c'est assez curieux qu'il parle de faire disparaître un ministère du Québec qui en est un de communication avec le monde, et qu'il en parle assis le derrière dans le fauteuil des Affaires urbaines, c'est-à-dire du ministère le plus inutile, le plus encombrant, le plus chinois et le plus contraire à tout fédéralisme qui ait jamais été inventé à Ottawa. C'est le gars qui voit vraiment la paille microscopique dans l'oeil du voisin et qui ne voit pas la poutre dont le sien est encombré depuis qu'il a été nommé là. Ces gens-là veulent toujours qu'on soit plus petit, et plus on serait ratatiné, plus il y aurait de chances qu'on demeure indéfiniment la colonie intérieure qu'on a toujours été.

Et puis il y a l'argument de l'estomac parce que, si on ose se décider, on va être boycotté, on n'aura plus de «jobs», on ne pourra plus gagner notre vie. Les Américains n'achèteront plus les pâtes et papiers du Québec parce que, si ce sont des pâtes et papiers qui ne sont plus marqués «provincial», le papier ne sera plus bon. Ils ne viendront plus chercher le minerai de fer au Québec, parce que du minerai de fer qui deviendrait national serait sûrement taré et il ne pourrait plus faire du bon acier. C'est fou comme ça et pourtant ce sont des choses qu'on essaie de rentrer dans la tête du monde.

Or, il y a des gens, même à Toronto, comme Abraham Rotstein, qui n'est pas membre de notre parti et qui est un économiste solide, qui a dit, en ce qui concerne l'association: «Je vais faire le calcul. Combien y a-t-il de «jobs» en Ontario, directement, qui disparaîtraient, qui s'effondreraient, si le Québec n'était plus là? Autour de cent vingt, cent trente mille en partant, sans compter les «jobs» indirectes.» Je parlais avec des gens de grandes compagnies (après tout, dans la fonction que j'ai maintenant, il faut bien que ça m'arrive assez régulièrement, et c'est instructif: quand ils parlent en privé, ce n'est pas toujours la même chose qu'on entend en public) et ils disaient par exemple que, dans certains secteurs hautement spécialisés et hautement fragiles, il faut beaucoup de capital. Et quand on a beaucoup de capital, il faut du rendement, il faut la haute intensité d'équipement, de renouvellement, etc. Il y a beaucoup de ces secteurs-là qui, au Canada, dépendent à

30 ou 35% du Québec. Rotstein a donc calculé à partir de là quelque cent vingt ou cent trente mille emplois directs, d'ailleurs parmi les mieux payés, qui dépendent strictement du Québec. Qu'un accès de mauvaise humeur leur fasse dire tout à coup: «Nous n'achetons plus du Québec, on peut les remplacer demain matin», et ils perdent cent vingt ou cent trente mille «jobs» le lendemain soir. L'association, c'est ça. Mais pour nous l'argument à l'estomac, c'est l'argument du genre «petit nain québécois qui va mourir de faim»...

Tout ça pour empêcher une décision très simple, née de la constatation que le développement dont nous avons besoin, c'est nous qui allons le faire et que, si on ne le fait pas nous-mêmes, il n'y a personne qui va le faire à notre place. Ou ça va toujours être fait de travers, ce qui est le cas dans beaucoup de nos secteurs.

Et finalement il y a l'argument du mépris, le pire, le plus sournois parce qu'il vient souvent de chez nous. Par exemple, il y a de nos adversaires qui s'en vont véhiculant ici et là dans le Québec que la liberté du peuple québécois voudrait dire, peut-être, un danger pour les libertés des citoyens. Et ça veut dire quoi, quand on gratte un peu? Je le dirais en trois langues si je pouvais le dire en plus que deux, ça veut dire ceci: essayer de faire croire au Québécois que, si jamais il devenait libre, comme tout le monde le devient de plus en plus collectivement dans le monde, il ne serait pas assez adulte, il ne serait pas assez civilisé pour respecter les droits des individus, les droits des autres. On n'est pas parfait, on le sait, et il faut faire attention à tous nos défauts, y compris aux dangers qu'on peut courir en cours de route. Mais est-ce qu'on a des leçons à recevoir de certains de nos enseignants de la civilisation ici même en Amérique du Nord? Qu'on regarde par exemple la Loi 101, comme la Loi 22 que nos prédécesseurs libéraux avaient passée, au point de vue de la langue. Qu'on regarde quel est l'état de la minorité anglophone au Québec, état de solidité, d'équipement sur-développé, sur lequel elle peut compter de l'école à l'université, et du *Star* à la *Gazette* en passant par Channel 12 et Channel 6 et tout le reste, et qu'on compare avec ce qui a été accordé, ce qui a été toléré à nos minorités francophones ou ce qui en existe encore dans le reste du pays, et après ça qu'on vienne nous faire des leçons sur la liberté et la façon de respecter les droits des autres!

J'arrête mon plaidoyer sur ces trois arguments qu'on va retrouver le long du chemin: la peur, l'estomac et fondamentalement, sournoisement, le mépris qui essaie de miner le respect qu'on peut avoir de nous-mêmes. Je ne vais pas vous demander quelque chose de partisan, mais je reviens à ce que j'avais à dire: vous êtes présents partout, dans toutes les régions. Votre vocation essentielle, c'est d'être le véhicule de l'information, des idées, du divertissement aussi, mais surtout des choses importantes que les citoyens doivent savoir. Vous êtes un instrument de communication. D'ici peu de temps, il va y avoir un référendum. Pour la première fois depuis que le Québec existe, on va avoir à choisir. À essayer de faire un choix adulte et réfléchi, un choix qui ne soit pas conditionné par la peur ni par un creux artificiel dans l'estomac ni par les arguments du mépris. Autant que possible, que l'esprit et le coeur travaillent ensemble, et pas au niveau des choses les plus basses.

À ce point de vue-là, il me semble que vous pouvez apporter une contribution extraordinaire. D'ici quelque temps, à l'automne, à la fin de l'année, qu'est-ce qui vous empêcherait d'ouvrir vos colonnes régulièrement, semaine après semaine, également à ceux qui soutiennent notre option et à ceux qui la combattent? Il n'y aura jamais eu de débat plus important dans toute notre histoire. C'est en fait le débat central de notre histoire qui s'amorce. Vous êtes bien placés dans toutes les régions, ça serait très rentable et ça va devenir de plus en plus passionnément intéressant. Vous éditorialiserez tant que vous voudrez de la façon que vous voulez, ça c'est votre droit le plus sacré, mais que vos colonnes soient ouvertes également, que vous agissiez non pas comme des petits partisans manipulés ni de notre bord ni d'aucun bord, mais comme des citoyens responsables et conscients de l'importance de l'instrument que vous détenez. Je pense que, si je le dis de notre côté, ça va être vrai pour les autres: je vous jure que vous ne manquerez pas de matériel, et je pense donc que je vous suggère là une chose très simple et qui serait aussi une participation extraordinairement utile, jusqu'à un certain point indispensable même, au débat le plus important et le plus déterminant de toute notre histoire.

8
De même à San Francisco

Discours prononcé devant le Commonwealth Club de San Francisco, le 29 septembre 1978.

The little I have read in my briefings before coming has made me realize that during the last 20 years changes have happened here, as they have pratically throughout the world, and many more are shaping up and promise to happen in the near future and as far ahead as we can see. And I am sure that you can understand that the same can be and is true elsewhere.

In a sense, the only certainty that sometimes we feel we have left is a certainty of change going on. This is what I would like to talk about very briefly, since you have honored me with this invitation.

The change, as it affects your northern neighbor, which has just about the same 23-million population as California now, and especially about part of that northern neighbor, with 6 million people which is just a bit more than the population of the Bay Area.

Now it is out of my home state of Québec that came the wind of change which has made — and I am quoting American reports — the traditionally boring neighbor

Puisque vous m'avez fait l'honneur de m'inviter, je souhaiterais vous parler du changement qui touche votre voisin du nord qui, avec ses vingt-trois millions d'habitants, a à peu près la même population que la Californie, et particulièrement une partie de votre voisin du nord, avec ses six millions d'habitants, à peine plus que la Bay Area de San Francisco.

C'est à partir de mon État natal du Québec que les vents du changement — et je cite la presse américaine — ont rendu un peu plus intéressant ce voisin du nord qui était traditionnellement ennuyeux. Je crois que ces vents du changement ne vont pas changer seulement le Québec, mais changent déjà et continueront de changer profondément le Canada. Et nous croyons que le genre de changement vers lequel nous allons et auquel nous avons travaillé de tout coeur depuis douze ans sera réalisé conformément à ce que nous proposons. Nous sommes confiants que cela arrivera, sans entrer dans le détail des modalités. Nous croyons qu'éventuellement, et peut-être bientôt, ce changement fera du Québec et du Canada des partenaires plus sains et

to the north somewhat more interesting. That wind, I believe, is going to change not just Québec, but is also changing and will change Canada very deeply. And we believe that the kind of change for which we are working, that we have worked our hearts out for during the last 12 years, is going to be implemented the way we propose it, and we are confident it will happen, without having chapter and verse scenarios. We believe that change is going to make both Québec and Canada eventually, and maybe soon, much healthier and better partners than ever before, better than would ever be possible by just hanging on to a status quo which is obsolete, both politically and institutionally.

I know that too much insistence on historical background could be very boring and yet I think we have to consider it somewhat, because otherwise you do not have any perspective. These are times when a new insistence on the rediscovery of roots is sweeping a lot of society: Where does our identity come from? How do we explain ourselves through our past? We must not forget the past, otherwise you lose a

meilleurs que jamais auparavant, meilleurs qu'il ne leur serait jamais possible d'être en s'agrippant à un statu quo politiquement et institutionnellement vétuste.

Je sais qu'il pourrait être ennuyeux de trop mettre l'accent sur l'arrière-plan historique et pourtant je crois qu'il faut le regarder un peu, sans quoi on manquerait de perspective. En ce moment, un nouvel intérêt pour la redécouverte des racines touche de larges secteurs de la société. D'où nous vient notre identité? Comment nous expliquons-nous à travers notre passé? Il ne faut pas oublier le passé, sans quoi on perd le sens de l'orientation. Comment nous expliquer autrement où nous sommes et quelle direction nous devrions peut-être prendre?

Nous avons eu, quelques années avant vous, le même genre de naissance que les Colonies américaines. En fait, nous sommes la plus vieille société européenne transplantée en Amérique du Nord: seuls les Amérindiens et nos compatriotes Inuit étaient là avant nous.

C'était un temps où tout le continent était en quelque sorte une mêlée spontanée, les

sense of direction. How do we explain where we are and the kind of direction we should possibly take?

We came, a few years before you, from the same kind of birth, the same kind of beginning as the American Colonies. In fact, we are the oldest transplanted European society in North America; only the American Indians and our Inuit fellow citizens were here before us.

This was a time when the whole continent was pratically a free-for-all, with the English, the French and the Spanish roaming all over, with no fixed borders, for quite a while. You discovered and grabbed what you could, and among the roamers, if not the grabbers, our restless French ancestors were among the champions. They left their mark all over. Even part of the old Fremont family, which, I think, is part of the heritage of California and all the West, came from Québec. The marks are there all over: Detroit, Duluth, St.Louis (that came from Louis XIV). This common beginning and common heritage of the continental outlook means that we are just as authentically, as deeply rooted, North Americans as any of you are.

Anglais, les Français et les Espagnols courant partout, puisque longtemps il n'y eut pas de frontières bien établies. On découvrait et on accaparait ce qu'on pouvait, et parmi les coureurs, sinon les empoigneurs, nos remuants ancêtres français étaient des champions. Ils ont laissé leur marque partout. Même une branche de la vieille famille Frémont, qui fait partie je crois du patrimoine de la Californie et de tout l'Ouest, venait du Québec. Les marques se retrouvent partout: à Détroit, à Duluth, à St. Louis (dont le nom vient de Louis XIV). Cette origine commune et le patrimoine commun d'un horizon continental signifient que nous sommes tout aussi authentiquement nord-américains et que nos racines sont aussi profondes que celles de n'importe lequel d'entre vous.

Nous sommes partie prenante dans ce continent depuis le début et nous n'entendons pas dériver loin de lui non plus. Comme société, nous avons eu le même type d'origine que votre propre société américaine, le même mode de vie au départ, la même perspective qui a forgé l'essentiel de beaucoup de valeurs similaires. Par exemple, nous avons grandi

We were part of this continent from the start and we do not intend to drift away from it either. As a society, we had the same kind of start as your own American society, the same kind of lifestyle to begin with, the same outlook which forged basically many of the same values. For instance, we grew up very deeply attached to both personal and community freedom which we consider as fundamental rights. Otherwise, you cannot talk about democracy. Like you, we tried to keep away — we still do — from the old dynastic and traditional quarrels of Europe. And like you, we grew up in a society of basic equality of individuals, without the fixed hierarchies or the kind of feudal remnants that radiated out of the old countries, in other words, as a sort of instinctively democratic community.

Thus, two hundred years ago, Québec was as prepared as you were here in the United States, to develop and mature, when something happened along the way. That something was a kind of side effect of another great conflict between two old foes, France and England, as a result of which, Québec was conquered.

avec un attachement profond aux libertés individuelles et communautaires dans lesquelles nous voyons des droits fondamentaux. Sans cela, on ne peut pas parler de démocratie. Comme vous, nous avons essayé d'éviter — et nous continuons de le faire — les vieilles querelles dynastiques et traditionnelles de l'Europe. Et comme vous, nous avons grandi dans une société où les individus sont fondamentalement égaux, sans les hiérarchies figées ni les relents féodaux qui émanaient des vieux pays. En d'autres mots, nous avons grandi comme une communauté en quelque sorte instinctivement démocratique.

Ainsi, il y a deux cents ans, le Québec était aussi prêt que vous l'étiez ici, aux États-Unis, à se développer et à atteindre la maturité, quand l'imprévu s'est produit. Cet imprévu était comme un effet secondaire d'un autre grand conflit entre deux vieux ennemis, la France et l'Angleterre, dont le résultat fut que le Québec fut conquis.

Ici, qu'on me permette de citer un extrait de votre programme pour la réunion d'aujourd'hui, puisque c'est un bon résumé provocateur:

At this point, let me quote, since it is a good and provocative summary, from your program for today's meeting:

> *In 1760, the British won the Battle of the Plains of Abraham and assumed control of Québec. For the more than 200 years since, Protestant English have dominated economically and have thus retained control of the Province. Now, however, the Parti Québécois has assumed control of the government and has brought with it a controversial separatist plan. The issue extends far beyond the 6-million residents of Québec: American investments, for instance, are substantial. In this Commonwealth Club appearance, Premier Lévesque will discuss his plans for Québec and Canada and the proposed new relationship.*

This is what I meant, a moment ago, when I said "something" happened along the way. We were conquered, taken over, which was normal in that period of history. As a result, we had to take a leave

> *En 1760, les Anglais ont gagné la bataille des Plaines d'Abraham et ont pris possession du Québec. Au cours des deux cents ans qui se sont écoulés depuis, les Anglais protestants ont dominé l'économie et ont ainsi gardé le contrôle de la province. Maintenant, toutefois, le Parti québécois dirige le gouvernement et véhicule un projet séparatiste qui suscite la controverse. La question va bien au-delà des six millions de résidents du Québec: par exemple, il y a en jeu d'importants investissements américains. Au cours de cette rencontre avec le Commonwealth Club, le Premier ministre Lévesque discutera de ses projets pour le Québec et le Canada et de la proposition en vue d'une nouvelle entente.*

C'est ce que je voulais dire, il y a un moment, quand je parlais de l'imprévu qui s'est produit. Nous avons été conquis, envahis, ce qui était normal à cette période de l'histoire. Il en est résulté que nous avons dû prendre congé du développement du continent.

of absence from continental development.

While you kept forging ahead westward and developing industrially into the great American Republic, we, in our corner of the continent, because of that break in our history, had to retreat into ourselves, into a kind of shell which we called "la survivance", a survival which meant just hanging on for dear life.

Because of a continental melting pot attitude, we could have disappeared, faded away, like old soldiers, but we did not. Who can blame anyone for that? My great-grandfather could have called himself "Bishop" — that is a good translation of "Lévesque", but he did not and he kept on going, and so here we are some 350 years later with more than five million people, deep roots in that old St. Lawrence Valley, a common history of shared ups and downs, in brief, a well-knit, national society. There is no going back — you cannot re-write history. For 200 years, we slowly developed from the right to our own identity, language and culture to a modest share in self-goverment and eventually a provincial administration,

Pendant que vous continuiez de pousser vers l'ouest et de développer votre industrie, devenant la grande république américaine, nous, dans notre coin, à cause de la brisure de notre histoire, nous avons dû nous replier sur nous-mêmes, dans une sorte de coquille que nous appelions «la survivance». Cela consistait simplement à nous accrocher à l'existence coûte que coûte.

À cause de la mentalité continentale du *melting pot,* nous aurions pu disparaître, nous éteindre comme de vieux soldats. Nous ne l'avons pas fait. À qui peut-on reprocher ce qui est arrivé? Mon arrière-grand-père aurait pu s'appeler Bishop, mais il a continué, de sorte qu'après trois cent cinquante ans, il y a plus de cinq millions de personnes avec des racines profondes dans la vieille vallée du Saint-Laurent, une commune histoire de hauts et de bas partagés, en somme une société nationale qui a de l'unité. On ne peut pas faire marche arrière, on ne peut pas récrire l'histoire. Pendant deux cents ans, nous sommes lentement passés du droit à notre identité, à notre langue et à notre culture, jusqu'à une part modeste de gouvernement autonome et éventuellement à une administration provinciale,

but always in the minority position and always with the feeling and the reality of being greatly manipulated from outside.

It is always mysterious to see how any given society evolves. Leaping over 200 years of our history, we came to World War II which literally grabbed thousands of people, including women, from the home to the war plants and sent thousands or our volunteers overseas to discover the world. And then television came in, at home as elsewhere, opening doors and windows. Somewhere along the way, it appeared clear that the old image of a rural Québec was no longer consistent with reality. In the 1960s this coming of age of Québec became known as the "Quiet Revolution". It was and still is very quiet but it is a revolution in the sens that it initiates a process of fundamental and permanent change.

mais toujours en position minoritaire et toujours avec le sentiment et la réalité d'être manipulés de l'extérieur. Il est toujours mystérieux de voir comment n'importe quelle société donnée évolue. Sautant par-dessus deux cents ans de notre histoire, nous sommes arrivés à la Seconde Guerre mondiale qui a saisi des milliers de personnes, y compris des femmes sorties de leurs foyers pour travailler dans des usines de guerre, et a envoyé des milliers de nos volontaires en Europe où ils ont découvert le monde. Puis vint la télévision, ouvrant les portes et les fenêtres. Quelque part, chemin faisant, il devint clair que la vieille image du Québec rural avait cessé d'être juste. Dans les années soixante, l'arrivée du Québec à l'âge de la majorité fut baptisée «révolution tranquille.» C'était et c'est encore très tranquille, mais c'est bien une révolution, en ce sens qu'elle a déclenché un processus de changement fondamental et permanent.

I will give just one concrete indication of negligence on our part and of our tardiness in rejoining the mainstream. In 1952, our education system was such that only 52 percent of teenagers,

Je donnerai un seul exemple concret de notre négligence et de notre lenteur à rejoindre les courants principaux. En 1952, notre système d'éducation était tel que seulement 52% des

13 to 16-years olds, who should have been in highschool, acquired secondary education. By 1969, a hundred percent were there and in colleges. Thus, with no help from the outside, we had to propel ourselves from the late XVIIIth to the XXth century and the mainstream of social evolution. Well, we are in the mainstream now and we intend to stay there.

Without sounding presumptious and pretending to have all the answers, we now face the same problems as everybody else in the modern world. Along the way, we have discovered that our French Québec society has the ability to deal with problems just like anybody else, and through our efforts and accomplishments we now have a feeling of pride in our own identity and in our recently discovered capacity to do our own thing. At his juncture of our history we realize that we can run our own home better than anyone else can from the outside.

In the past, most of the main economic decisions in Québec were made within the anglophone minority, which

adolescents âgés de treize à seize ans qui auraient dû être à l'école secondaire s'y trouvaient vraiment. En 1969, il y en avait 100% à l'école secondaire ou au collège. Ainsi, sans aide de l'extérieur, nous avons dû nous propulser de la fin du dix-huitième siècle au vingtième, pour rejoindre les courants de l'évolution sociale. Eh bien maintenant, nous les avons rejoints et nous entendons y rester.

Sans vouloir paraître présomptueux ni prétendre que nous avons toutes les réponses, nous faisons maintenant face aux mêmes problèmes que chacun affronte dans le monde moderne. Chemin faisant, nous avons découvert que le Québec français est capable d'affronter les problèmes aussi bien que les autres et nous nous sentons maintenant fiers de ce talent que nous nous sommes récemment découverts de façonner notre propre vie. À ce carrefour de notre histoire, nous sommes conscients que nous pouvons diriger nos affaires nous-mêmes mieux que quiconque peut le faire de l'extérieur.

Dans le passé, la plupart des grandes décisions économiques au Québec étaient prises au sein de la minorité

made our own society feel like second-class citizens. Without overdramatizing, it must be said that our people were also unfairly treated outside Québec. Our French-speaking minorities outside Québec were considered as newcomers and were even told at times to speak "white" when they attempted to use their own language.

anglophone, avec le résultat que dans notre propre société nous avions l'impression d'être des citoyens de seconde zone. Sans dramatiser, on doit dire que notre peuple se sentait aussi injustement traité à l'extérieur. Nos minorités francophones hors du Québec étaient considérées comme des nouvelles venues et se faisaient même parfois dire *speak white* quand elles tentaient de parler leur langue.

With the modernization of Québec society and as a result of that feeling of unfair treatment, came the realization, in maturing, that the federal institutions, as they exist in Canada, had become a strait-jacket limiting our own self-development. It is against such a background that our party appeared in the late sixties. While Québec was moving back into the mainstream, growing up collectively, something also happened to our political evolution. A new political party was born in 1967-68. We went through two elections; that alone contributed to our rapid growing up. We lost the two elections, that also helped, but the third one, we won. And that was quite a surprise in many places; in Canada obviously, in Ottawa, the

Avec la modernisation de la société québécoise et par suite de ce sentiment d'avoir été traité injustement, la conscience vint, avec la maturité, que les institutions fédérales telles qu'elles existent au Canada étaient devenues une camisole de force qui limitait notre développement. C'est sur cette toile de fond que notre parti est apparu à la fin des années soixante. En même temps que le Québec rejoignait le courant, quelque chose s'est produit dans notre évolution politique. Un nouveau parti est né en 1967-68. Nous avons fait deux élections: cela seul a aidé à nous faire grandir. Nous avons perdu ces deux élections, cela nous a aidé aussi, mais nous avons gagné la troisième. Et cela a étonné dans beaucoup de milieux: au Canada

federal capital, in English-speaking Montréal. It was also a shock in Ontario, next door.

évidemment, à Ottawa, la capitale fédérale, dans le Montréal anglophone. Ce fut aussi un choc pour nos voisins de l'Ontario.

The unthinkable had begun to happen. Because so much scare propaganda had been spread around during the preceding ten years and because of the very arrogant conviction that it could not happen, it was a shock when this first step of becoming a government did happen. And the shock reverberated quite a bit outside, especially in the United States. In the first few months of our government, distortion seemed to be the order to the day in the various media.

L'impensable venait tout juste de commencer à se produire. À cause de toute cette propagande de la peur répandue au cours des dix ans qui avaient précédé, et à cause de la très arrogante conviction que ça ne pouvait pas arriver, ce fut un choc quand ce premier pas fut franchi. Et le choc s'est répercuté à l'extérieur, particulièrement aux États-Unis. Notre gouvernement, au cours de ses premiers mois au pouvoir, a eu droit à une déformation constante des faits dans divers média.

Well, here we are now, two years come next November, as a government in Québec. We came in with two basic commitments: The immediate commitment was to play according to the rules of the game and try to be as clean and as efficient a government as we possibly can. In that area, as in any other, you never reach perfection. But after two years in power, it is our feeling that our people, even our English-speaking fellow-citizens, when they dare

Nous voici donc, presque deux ans plus tard, comme gouvernement du Québec. Nous y étions arrivés avec deux engagements fondamentaux: le premier, c'était que nous jouerions selon les règles du jeu en tâchant d'être le gouvernement le plus propre et le plus efficace possible. Dans ce domaine, comme dans les autres, la perfection est hors de portée. Mais après deux ans au pouvoir, nous croyons que notre population, et même nos

to admit it, feel that we have a reasonably respectable and rather efficient government administration in Québec.

compatriotes anglophones, estiment qu'ils ont à Québec une administration gouvernementale assez respectable et plutôt efficace.

One of the commitments that we honored was to get rid, once and for all, of the slush fund tradition, the corruption by money, especially backroom money, of political life and political parties. We could make and keep this promise because we were one of the rare political parties in the Western World, if not the only one, that never got one cent from either corporate interest or unions. We strictly maintained through three elections a rigid regulation that nobody but individuals, because only individuals have the right to vote, could contribute financially to our party. So we came in with no strings attached; and could thus legislate and we have done so very quickly in that area.

Une des promesses que nous avons tenues était de nous débarrasser une fois pour toutes des caisses électorales occultes, de la corruption des partis et de la vie politique par l'argent, surtout l'argent caché. Nous pouvions faire et tenir cette promesse surtout parce que nous étions un des rares partis, sinon le seul en Occident, qui n'avait jamais reçu un sou ni des compagnies ni des syndicats. Nous avons maintenu strictement à travers trois élections — deux défaites et une victoire — la règle rigide selon laquelle seuls des individus, parce que seuls les individus ont droit de vote, pouvaient contribuer financièrement à un parti politique. Ainsi, nous sommes arrivés au pouvoir sans dettes à payer et nous avons pu légiférer rapidement dans ce domaine comme dans d'autres.

Every political party in Québec now, our own party included, will have to live in the open light of day (human nature being what it is, you have to watch) because parties should be public services and

Désormais, chaque parti politique québécois, y compris le nôtre, devra vivre au grand jour (la nature humaine étant ce qu'elle est, il faut être vigilant), parce que les partis devraient être des services

not just pressure groups or manipulated entities. This was a basic commitment for getting back to an honest democratic administration.

publics et non pas uniquement des groupes de pression ni des entités manipulées. Il s'agissait d'un engagement fondamental en vue de revenir à une administration démocratique et honnête.

We also had to bring order to our budgetary house, because after the Olympic folly, we inherited a budgetary mess and an enormous deficit. We dit not have a referendum procedure in Montréal, so we were propelled into the Olympics. Learning from our bad exemple, some American cities consulted their citizens and it would seem there is no great enthusiasm about the whole affair neither.

Il nous fallait aussi mettre de l'ordre dans le budget de la maison, parce qu'après la folie olympique, nous avons hérité d'un gâchis budgétaire et d'un déficit énorme. Il n'y avait pas de procédure référendaire à Montréal, alors nous avons été catapultés dans les Olympiques. Tirant les leçons de notre mauvais exemple, certaines villes américaines ont consulté leurs citoyens et il semblerait que ceux-ci non plus ne manifestent pas beaucoup d'enthousiasme.

So, we had to put our house in order. We cut the budget to the bone in the first year. We cut down borrowing which was excessive and was risking Québec's credit position. After two years it is an accepted fact that Québec's budget and financial administration are not just stable, buy healthier than they have been for a long time.

Donc, il nous fallait mettre de l'ordre dans la maison. La première année, nous avons fait de sombres coupures dans le budget. Nous avons réduit les recours excessifs aux emprunts qui mettaient en péril le crédit du Québec. Après deux ans, il est généralement reconnu que le budget et l'administration financière du Québec sont non seulement stables, mais plus sains qu'ils ne l'ont été depuis longtemps.

We also had to legislate on the language question. First, let me say, for those of you who have heard about it, that we were not the first to move in this field. Our predecessors, the traditional Liberal party, which is also the only possible replacement for our government in any foreseeable future, legislated more or less just as stringently, in 1974, as we did eventually, about that same language question. It was humiliating that the language in your own home, where you are 80 percent of the population, had to be legislated back to respect by everyone. Otherwise, it would have remained a second-class tool. The pressure of society brought our predecessors, like us, to recognize the need to put an end to this sorry state of affairs. There is no going back to the old colonial contempt — no one in Québec will stand for it.

Nous avons aussi dû légiférer sur la langue. En premier lieu, qu'on me permette de dire, pour ceux d'entre vous qui en auraient entendu parler, que nous n'avons pas été les premiers à intervenir dans ce domaine. Notre prédécesseur, le Parti libéral traditionnel, qui est aussi le seul parti susceptible de nous remplacer dans l'avenir prévisible, a légiféré de façon à peu près aussi rigoureuse, en 1974, sur cette même question linguistique. C'était humiliant que la langue de notre propre maison, où nous formons 80% de la population, ait besoin d'une législation pour susciter le respect de tous. Autrement, elle aurait été reléguée au rang d'instrument de seconde zone. Les pressions sociales avaient amené nos prédécesseurs, comme nous, à reconnaître le besoin de mettre fin à ce triste état de choses. On ne peut plus revenir à l'ancien mépris colonial; ni nous ni personne au Québec ne l'accepterions.

But we will also honor a second commitment: that inside of our first legislative mandate, there will be a democratic consultation of all Quebecers on the political future of Québec, which also means the future, in a sense,

Mais nous respecterons aussi un second engagement: au cours de notre premier mandat, il y aura une consultation démocratique de tous les Québécois au sujet de l'avenir politique du Québec, ce qui signifie aussi, en un

of Canada. For our part, we will propose to get out of a bind which is poisoning our two very different societies and which today constitutes a strait-jacket for both. After ten years of working at it, of studying experiences elsewhere, especially in Europe, we have come to the conclusion that when you have two different entities, unequal in number, a federal system will not work, especially when it is over-bureaucratized and mandarin-like, as the one we have developed in Canada. What we propose is called Sovereignty and Association.

certain sens, l'avenir du Canada. Quant à nous, nous proposerons de mettre fin au blocage qui empoisonne nos deux sociétés très différentes et qui représente aujourd'hui une camisole de force pour chacune d'elles. Après y avoir travaillé pendant dix ans, après avoir étudié d'autres expériences, particulièrement en Europe, nous en sommes venus à la conclusion que là où il y a deux entités différentes d'importance numérique inégale, un système fédéral ne peut fonctionner correctement, particulièrement quand il souffre d'une bureaucratie excessive de type mandarin, comme celle qu'il y a au Canada. Ce que nous proposons, c'est la souveraineté-association.

Sovereignty means simply self-government — the freedom to make our own laws at home and raise our own public revenues. In other words, to be responsible for our own self-government, as I think any normal, mature national society wants to do in the world today.

La souveraineté, c'est le *self-government,* la liberté d'adopter nos propres lois chez nous et d'imposer nos propres taxes. En d'autres mots, d'être responsables du gouvernement, de nous-mêmes, ainsi que le souhaite à mon avis dans le monde d'aujourd'hui toute société nationale mûre et normale.

The second dimension of our project, the association dimension, is nothing but a desire to keep in common

La deuxième dimension de notre projet, celle de l'association, n'est rien d'autre que le désir de garder en

many of those essential ingredients that have, in the past, ensured the continuity of Canada. In this, we are following the example of other civilized countries who have had to devise new recipes between different entities and which have refused the melting pot solution.

commun un grand nombre de ces éléments essentiels qui, dans le passé, ont assuré la continuité du Canada. Nous suivons en cela l'exemple d'autres pays civilisés qui ont dû inventer de nouvelles recettes pour lier des entités différentes et qui ont refusé la solution du *melting-pot.*

As a first step, we will want to preserve the existing market. Such a market is a mutually profitable one, especially with Ontario, next door, and who needs it as much, if not more, than Québec. You have 215 million people and we have 23 million in Canada. If this market is disrupted, it will eventually spell disaster for all of its components. We are also ready to negotiate in good faith an equitable solution which would allow us also to keep our actual monetary union, in other words, a common currency and a common monetary policy. It is a more delicate question but it can be negotiated. On these bases, believe me, we could build a

Comme premier pas, nous voulons préserver le marché existant. Un tel marché, particulièrement avec l'Ontario voisin qui a au moins autant besoin de nous que nous avons besoin de lui, est profitable aux deux parties. Vous êtes deux cent quinze millions et la population du Canada est de vingt-trois millions. Si ce marché est perturbé, ce sera éventuellement le désastre pour tous les intéressés. Nous sommes disposés à négocier de bonne foi une solution équitable qui nous permettrait également de maintenir notre union monétaire, en d'autres mots une monnaie et une politique monétaire communes. C'est une question plus délicate, mais elle est

healthier, a more livable rapport and become friends, which, in actual fact, we never had the chance of becoming.

négociable. Sur ces bases, croyez-moi, nous pourrions bâtir un rapport plus vivable et plus sain et devenir amis d'une manière qui n'a, en fait, jamais été possible jusqu'ici.

A book written years ago referred to Canada as "The Two Solitudes". Today "The Two Solitudes" not only still exist, but they become more embittered by this growing-up of Québec and this refusal of the status quo forces to accept real change. We have to get out of this bind.

Un livre écrit il y a longtemps décrivait le Canada comme «les deux solitudes». Aujourd'hui, non seulement «les deux solitudes» existent toujours, mais elles sont devenues plus amères parce que le Québec a grandi et les forces du statu quo refusent un changement réel. Il nous faut un déblocage.

I believe what we are proposing deserves at least respect. It has allowed people as different as the French and the Germans, the British and the Italians, who have hated each other's guts collectively (our case is not that bad; we do not detest anyone, we are simply staunchly for Québec), to keep running their own homes. I do not see them in any foreseeable future allowing other groups or coalitions from outside to play around with the French laws in France or English taxes in Britain. I believe that our proposal would enable us to develop mutually as never before.

Je crois que ce que nous proposons mérite au moins le respect. C'est une formule qui a permis à des peuples aussi différents que les Français et les Allemands, les Anglais et les Italiens, qui collectivement se détestaient mutuellement (notre cas n'est pas si grave: nous ne détestons personne, nous sommes simplement attachés avec ferveur au Québec), de continuer à être maîtres chez eux. Je ne les vois pas dans un avenir prévisible permettre à des groupes ou des coalitions de l'extérieur de jouer avec les lois françaises en France ou les impôts anglais en Grande-Bretagne. Je crois que notre proposition nous permettrait de nous développer

en harmonie comme jamais auparavant.

We reject the melting pot tradition which, in any case, is also disappearing practically all over the world, even in places like California. We are confronted with a situation of cultural duality, we cannot escape it. The referendum, in a year or a year and half from now, will provide us with an answer.

Nous rejetons la tradition du *melting pot* qui, de toute façon, disparaît presque partout dans le monde, même en Californie. Nous faisons face à une situation de dualité culturelle, nous ne pouvons pas y échapper. Le référendum, dans un an ou un an et demi, nous donnera une réponse.

All I am asking is for you to understand, because you are next-door neighbors, that whatever happens, Québec will remain a partner on this continent, a democratic society and a member of the Western World. In all that change which inevitably will come, whether according to the scenario to which I have referred or something else, there is one thing, maybe it does not need stressing, that we would not want to change: our old link of friendship with the United States, based on so much shared heritage and on so may human associations. As you know, a few million of your loyal American fellow-citizens have Québec roots and family ties which they have not forgotten. This is how close we are. The one thing that will not change is that we will keep

Tout ce que je vous demande, c'est de comprendre, puisque vous êtes nos voisins, que peu importe ce qui arrivera, le Québec demeurera une composante vivante du continent, une société démocratique et un partenaire de l'Occident. Dans tous les changements qui se produiront inévitablement, que ce soit selon le scénario que j'ai esquissé ou autrement, il y a une chose que nous ne voudrions pas changer, il est peut-être utile de le souligner: notre vieux lien d'amitié avec les États-Unis, fondé sur un patrimoine commun et tant de liens humains. Comme vous le savez, quelques millions de vos loyaux compatriotes américains ont des racines au Québec et des liens familiaux qu'ils n'ont pas oubliés: voilà à quel point nous sommes proches. La seule

on sharing a common belonging to the North American ensemble; we are just as much part of the Continent and also of the Western World as you are. We do not intend to cut ourselves adrift and go off to the Atlantic.

chose qui ne changera pas, c'est notre commune appartenance à l'ensemble nord-américain; nous faisons tout autant que vous partie du continent et du monde occidental dans son ensemble. Nous n'entendons pas couper les amarres et partir à la dérive dans l'Atlantique.

I will leave you on this note and, contrary to a former very eminent French-speaking guest of yours who made a mistake and said "Vive Chicago" when he left San Francisco, I will be very careful, I will not even say "Vive Los Angeles" but I say "Vive San Francisco"!

Je vous quitterai sur cette note et contrairement à certain Français éminent qui fut votre hôte et lança «Vive Chicago» en quittant San Francisco, je serai très prudent, je ne dirai même pas «Vive Los Angeles», mais je dis «Vive San Francisco.»

9
L'enjeu et la marche à suivre

Déclaration du Premier ministre du Québec à l'Assemblée nationale, le 10 octobre 1978.

Bientôt, nous aurons la première occasion de notre histoire de fixer nous-mêmes, entre Québécois, la direction politique que nous voulons prendre à l'avenir.

L'échéance n'est pas pour demain, mais elle approche tout de même à grands pas. Juste avant l'ajournement d'été, la loi qui établit les mécanismes de la consultation populaire a finalement été adoptée. Étant donné, par ailleurs, l'engagement que nous avons pris de tenir le référendum avant nos prochaines élections, une phase nouvelle s'ouvre maintenant au cours de laquelle il nous faudra définir et détailler le contenu de l'option qui en fera l'objet. Et pour commencer, le temps est venu d'en évoquer à nouveau et d'en réaffirmer les éléments essentiels.

C'est avec sérénité et d'avance avec fierté que nous le faisons, car nous sommes sûrs que le Québec ne ratera pas cette occasion historique de s'assurer la plénitude de la liberté comme aussi de la sécurité collective.

Ce qui ne signifie pas, cependant, que nous sous-estimons les difficultés d'une telle étape ni les appréhensions qu'elle peut susciter dans bien des esprits. Il est normal, en effet, que bon nombre de gens se sentent encore hésitants, incertains, et qu'ils redoutent les changements que produira une telle décision. Sans compter les efforts de ceux pour qui l'avenir comme le passé ne saurait être que minoritaire et dépendant, il est naturellement malaisé pour une société autant que pour chacun de nous d'avoir ainsi à réorienter son existence. C'est poutant le genre de moment, à la fois privilégié et toujours un peu angoissant, qui se présente infailliblement à tous les peuples le long du chemin. Et ceux qui ont alors assez de maturité et de confiance en eux pour relever le défi de façon positive, quels que soient les problèmes qui continueront à surgir par la suite, ne regrettent jamais d'avoir pris le tournant.

Telle doit être, et telle sera aussi notre décision, car c'est tout le sens de notre histoire et la continuité de notre évolution qui nous y conduisent.

La maturité

Cet aboutissement logique que nous proposons s'appelle, comme chacun le sait, la souveraineté-association. Si nous avons choisi, dès le départ, ce nom composé, c'est pour bien marquer le double objectif de notre démarche constitutionnelle. Il n'est pas question, dans notre esprit, d'obtenir d'abord la souveraineté, puis de négocier l'association par la suite. Nous ne voulons pas briser, mais bien transformer radicalement notre union avec le reste du Canada, afin que, dorénavant, nos relations se poursuivent sur la base d'une égalité pleine et entière. La souveraineté et l'association devront donc se réaliser sans rupture et concurremment, après que les Québécois nous en auront donné le mandat par voie de référendum.

Puisque ces deux notions de souveraineté et d'association se complètent, il nous faut donc préciser ce que nous entendons par l'une et par l'autre, avec ce trait d'union que nous mettons entre les deux.

La souveraineté, c'est très simplement, très normalement, pour nous comme pour les autres peuples, le fait d'accéder à la pleine responsabilité nationale. Nous y venons plus tardivement que la plupart des autres. Mais si nombreux qu'aient été les accidents de parcours et laborieux le cheminement, jamais nous n'avons cessé d'aspirer obstinément à être un jour maîtres chez nous.

Des lointains débuts coloniaux jusqu'à ce demi-État que nous a consenti le régime fédéral, nous avons tendu constamment à nous débarrasser des pouvoirs qui pesaient sur nous de l'extérieur. Ayant acquis au siècle dernier la souveraineté partielle d'une province, nous en avons sans cesse réclamé l'élargissement. Comme en témoignent, sans exception, les positions de tous ceux qui, depuis des décennies, se sont succédé à la direction du Québec pour administrer cette souveraineté tronquée, en ayant si souvent à la défendre contre les empiètements. Ce qui, soit dit en passant, est également ce que nous faisons de notre mieux à notre tour, tant que nous sommes encore dans le régime actuel. Mais en sachant aussi que, pour mettre fin un bonne fois à l'écartèlement des esprits, à la division coûteuse de nos énergies et de nos ressources, il est indispensable de le remplacer.

Pour ce faire, il faut rapatrier chez nous le pouvoir exclusif de faire des lois et de lever des impôts. La souveraineté, voilà précisément ce qu'elle implique. Comme les autres, le Québec sera souverain quand son Assemblée nationale sera le seul parlement qui puisse légiférer sur son territoire et que les Québécois n'auront d'autres taxes à payer que celles qu'ils auront eux-mêmes décidé de s'imposer. Pour la première fois, nos instruments politiques ainsi que les principaux moyens financiers et économiques de la collectivité seront regroupés au même endroit, en un seul centre de décision entièrement à notre service.

Le Québec et le Canada

Mais cette légitime affirmation d'un peuple, l'évolution du monde nous enseigne qu'elle n'exclut pas du tout les mises en commun qui sont mutuellement avantageuses. L'interdépendance étroite des nations contemporaines, le volume de leurs échanges, la facilité de leurs communications, les poussent naturellement à s'associer dans maints domaines afin de favoriser un développement conjoint. Cela est d'autant plus vrai dans notre cas que nous partageons depuis deux siècles avec nos amis du reste du Canada un espace économique commun et qu'une foule de nos activités sont fortement intégrées et complémentaires.

Nous voulons donc conserver intact cet espace économique canadien, avantageux pour nous comme pour les autres, avec la liberté de circulation aussi complète que possible des produits, des capitaux et des personnes. Concrètement, cela signifie, par exemple, qu'il n'est pas question d'établir de douanes ni d'exiger de passeport entre le Québec et le reste du Canada.

Et comme complément logique à la conservation et au bon fonctionnement des marchés que nous partageons, nous sommes également d'avis qu'il nous faut assurer en commun le maintien de la monnaie actuelle. En négociant de bonne foi, on devrait parvenir à pouvoir confier la gestion de la devise et des politiques monétaires à une banque centrale conjointe. Là encore, c'est pour protéger l'espace économique existant et maintenir la facilité des échanges commerciaux que nous croyons opportun d'adopter cette position.

C'est d'ailleurs dans ce même esprit de renouveau et de continuité à la fois et en donnant à la notion d'interdépendance tout son contenu de solidarité collective, que le Québec devra aussi prendre sa place dans les alliances nord-américaine et nord-atlantique, afin de contribuer, si modestement que ce soit, à la sécurité d'ensemble des démocraties occidentales.

Et voilà pourquoi, depuis le début, nous évoquons la souveraineté et l'association comme deux objectifs complémentaires et pas du tout contradictoires, qui vont dans le sens de notre histoire et qui correspondent aussi, mieux que toute autre formule, à l'évolution des peuples. En s'inscrivant dans ces grands courants politiques et économiques qui parcourent le monde, les Québécois auront même la chance de contribuer, avec les Canadiens, au progrès de cette formule d'avenir en définissant leur propre modèle de souveraineté-association.

Chose certaine, en tout cas, on ne voit rien d'autre à l'horizon qui soit susceptible de briser le cercle vicieux dans lequel sont enfermés deux peuples distincts, que tout appellerait pourtant à se mieux comprendre et à se respecter. Et à mesure que l'on s'aperçoit que notre option n'est nullement inspirée par l'hostilité, que bien au contraire elle vise à nous sortir les uns et les autres d'une impasse que le régime actuel est absolument incapable de résoudre, peu à peu des esprits qui étaient d'abord réfractaires commencent à s'ouvrir, la discussion s'amorce et même des tenants officiels du fédéralisme se voient désormais contraints d'en tenir compte, sur le mode négatif bien sûr, mais c'est déjà en quelque sorte l'hommage que l'impuissance rend à la fécondité politique.

La marche à suivre

Telle est la mise au point que le gouvernement tenait à faire, au moment où l'on peut dire que le vrai débat va s'engager sur la solution qu'il entend proposer éventuellement à cette Assemblée, puis au peuple québécois, et enfin, quand nous en aurons le mandat référendaire, au Canada, afin de substituer aux liens constitutionnels désuets un accord permanent, mais souple et capable de s'adapter en cours de route à toutes les évolutions requises.

Les réflexions que nous nous sommes imposées au cours des derniers mois nous incitent également, avant de terminer, à fournir les précisions suivantes sur le cheminement qui nous mènera jusqu'à l'objectif.

D'abord, le gouvernement continuera de rendre publiques les études techniques qu'il a fait préparer sur certains aspects du fédéralisme actuel, sur les formules d'association qui existent un peu partout dans le monde et sur les échanges économiques entre le Québec, les autres provinces et divers pays. Une étude sur le rôle de la Cour suprême dans le partage fédéral-provincial des compétences paraîtra ces jours-ci. Une autre suivra bientôt, justement sur les types d'association économique déjà expérimentées en Europe et ailleurs.

D'ici quelques mois, le gouvernement s'engage aussi à publier un document plus élaboré sur la souveraineté-association. Cet exposé contiendra une description plus détaillée des éléments qui nous paraissent essentiels au bon fonctionnement de la formule, aussi bien en ce qui concerne les pouvoirs exclusifs du Québec qu'en ce qui a trait à ceux qui peuvent être exercés en commun. On évoquera aussi diverses possibilités quant à la forme définitive du projet d'association: les mises en commun additionnelles qu'on pourrait envisager, la nature des organismes qui veilleront au bon fonctionnement de l'ensemble, etc. Avec les études d'arrière-plan qui l'auront précédé, cet exposé gouvernemental sera l'amorce d'une période d'intense réflexion nationale, d'échange et de dialogue entre le gouvernement, les partis politiques et la population en général.

Ce n'est qu'à la suite de cette période de consultation que le gouvernement saisira l'Assemblée nationale d'une question définitive qu'il demandera de soumettre à la population par voie de référendum. Il va de soi que cette question sera claire et précise, et qu'elle portera sur l'ensemble de l'option qui aura été définie collectivement et qui devra, par la suite, être négociée avec le reste du Canada.

Cette démarche s'étalera dans le temps, mais pour se terminer avant la fin du présent mandat du gouvernement. Son déroulement s'ajustera cependant à la conjoncture et il n'est pas question de fixer à l'avance des dates précises pour chacune des étapes. Le gouvernement verra toutefois à ce que la discussion puisse se poursuivre dans les meilleures conditions possibles, sans que l'on puisse confondre les enjeux et sans brusquer personne. De cette façon, les Québécois pourront songer à leur avenir en toute sérénité et en toute connaissance de cause, dans un climat propice à une décision parfaitement démocratique.

Les nombreuses formules constitutionnelles sous lesquelles nous avons vécu depuis trois cent soixante-dix ans nous ont toutes été plus ou moins imposées de l'extérieur et jamais elles n'ont été ratifiées librement par l'ensemble des Québécois. Mais cette fois-ci, enfin, il en ira autrement. C'est pourquoi je fais appel, en terminant, à tous les groupes, à tous les partis politiques, y compris le nôtre, pour que la période de réflexion qui s'amorce soit la moins partisane possible, qu'elle rejoigne tous les citoyens et qu'elle devienne vraiment leur affaire. C'est de cette façon seulement que l'on peut être assuré que la décision historique que nous prendrons ensuite servira véritablement les intérêts du Québec d'aujourd'hui comme des générations à venir.

10
Souveraineté-association, ça signifie: souveraineté-association!

Extraits de la conférence de presse donnée par le Premier ministre du Québec, le jeudi 12 octobre 1978 dans la salle de presse de l'Assemblée nationale.

Si vous le permettez, je voudrais vous reparler un peu de la souveraineté-association, pour enchaîner sur la déclaration que j'ai faite à l'Assemblée nationale mardi. (...)

Tout le monde sait, même ceux qui font semblant de ne pas s'en apercevoir, que le référendum va avoir un poids énorme, un poids déterminant pour l'avenir, même s'il n'a pas force de loi en soi. Tout le monde sait tellement bien que cette volonté exprimée par les Québécois va être déterminante pour la suite des événements, qu'un peu partout on s'y prépare, même si on ne l'avoue pas toujours officiellement, et le poids du référendum est peut-être souligné plus éloquemment que n'importe quoi par la mobilisation, un peu affolée dans certains cas, de tous ceux qui s'opposent à ce que les Québécois puissent dire oui. On ne s'opposerait pas et on ne se mobiliserait pas à ce point-là si on ne savait pas que c'est important, et aussi à quel point c'est sérieux.

On en a des exemples, peut-être parmi les plus probants, dans ce qui se passe au niveau fédéral. Je vous donne seulement deux de ces exemples. Pour la première fois, une chose qui aurait été impensable il y a un an, ou même il y a six mois, deux études — évidemment négatives, c'est normal, puisqu'on est contre notre option là-bas et cela se comprend — ont été préparées et viennent de paraître, coup sur coup, sur la souveraineté-association.

Une deuxième chose m'a beaucoup frappé, hier, dans le discours inaugural à la Chambre des Communes, à l'ouverture de la session fédérale. Presque sur un ton désespéré, ce discours inaugural, à un moment donné — vous pouvez le relire, vous allez voir la phrase — presse tout le monde de s'ouvrir aux changements, et je cite: *Afin que des progrès importants et manifestes se réalisent avant que les Québécois ne soient appelés par leur gouvernement provincial à se prononcer par référendum sur leur avenir.*

Dans cette phrase, est-ce que j'ai besoin de le dire — il faut le dire quand même — il y a plus de sens démocratique et autrement plus de respect implicite pour le droit fondamental des Québécois à se décider sur leur avenir que dans les vieilles clameurs négatives et les arguments de peur usés jusqu'à la corde qui ont émané jusqu'à présent de l'Opposition, ici à Québec, que ce soit l'Opposition en Chambre ou bien certaines voix qui se prononcent à l'extérieur.

Maintenant, cette attitude négative, il faut le dire également, ne promet pas grand-chose dans le sens des progrès «importants et manifestes» dont on parle à Ottawa, parce que, en ce qui concerne le fameux fédéralisme renouvelé, on se contente de répéter, presque en panique, qu'on est contre tout ce que nous proposons. Mais, d'un autre côté, depuis l'éternité d'années que le débat est ouvert, que chacun sait que des changements fondamentaux sont requis, que le régime fédéral tel qu'il est est condamné, est-ce que ces gens qui hurlent des «non» de tout bord et de tout côté, il y a quelque chose pour laquelle ils sont? Est-ce qu'ils sont pour quelque chose de concret?

Tout ce qu'on entend, c'est un négativisme parfaitement stérile jusqu'à nouvel ordre et je crois que ce négativisme, en quelque sorte, est obligatoire, parce qu'au fond nos adversaires savent fort bien que pardessus les slogans, il n'est pas question de jouer sérieusement avec les grands pouvoirs centraux d'un régime fédéral, et on n'arrivera jamais, sauf par épisodes qui sont toujours sans lendemain, à contrer la tendance normale du régime à toujours plus de centralisation.

C'est pour cela qu'il est vital pour le Québec, cela fait dix ou douze ans qu'on le dit, de remplacer ce régime et aussi de le remplacer sans brisure, sans rupture et sans isolationisme d'un côté ni de l'autre.

Il est évident que ce n'est pas facile, il n'y a pas de changements importants qui soient faciles; il suffit de penser à toutes les énergies qui ont été perdues dans tous les azimuts, depuis la Deuxième Guerre mondiale, pour tâcher de rafistoler, sans jamais y parvenir convenablement, les institutions qui existent.

Donc, c'est le changement, sans rupture, que nous proposons. Pour que ce soit sans rupture, il est parfaitement normal qu'il s'agisse d'un mandat, parce que, s'il ne s'agit pas d'une rupture «fofolle» avec des murs de Berlin, par définition il s'agit alors d'exprimer, ici au Québec, une préférence claire pour la souveraineté et aussi pour cette absence de rupture, c'est-à-dire pour la continuité de ce qui peut rester en commun. (...)

En terminant, je soulignerais ceci: est-ce qu'il n'est pas parfaitement absurde de s'imaginer que si jamais — moi, je refuse de le croire — il était impossible de négocier après un référendum clair et positif, nos chevaliers du minimum auraient la moindre *bargaining power* pour faire changer quoi que ce soit d'important après cela? En fait, ils sombreraient tout simplement dans le ridicule et le Québec risquerait de rester longtemps dans une dépendance de plus en plus minoritaire. (...)

Je répète ce que je disais sur le réalisme et le sens politique de l'autre côté: c'est que le poids de la volonté qui serait exprimée par le Québec ouvrirait inévitablement des négociations. Je crois aussi au poids important, décisif, du désir du reste du Canada de maintenir un pays, de ne pas couper bêtement des ponts essentiels, de ne pas couper bêtement l'Ontario des Maritimes, par exemple, et aussi au poids des avantages extraordinaires qu'on aurait des deux côtés, de part et d'autre, à maintenir cet espace économique qu'on partage. (...)

Moi, je refuse l'hypothèse d'un échec. Je ne répéterai pas toutes les raisons qu'on a d'y croire. Vous lisez dans les journaux qu'Israël et l'Egypte sont en train de parler de faire une sorte de condominium économique. Vous avez vu cela entre les Français et les Allemands et sept autres pays; vous avez vu cela un peu partout dans le monde. On n'est pas sur une autre planète! Il nous semble que la logique de toute la situation revient à ce besoin auquel nous croyons, nous, profondément, le besoin du Canada de se maintenir parce que, je l'ai dit et je le répète, ce qu'on propose n'est pas hostile au Canada. Les dizaines de milliers d'emplois qui sont impliqués dans n'importe quelle rupture idiote de part et d'autre, la nécessité de cette espèce de *free flow*, si on croit qu'une société anglophone différente des États-Unis va vouloir se maintenir au nord du 49e parallèle, tout cela fait que l'échec est exclu à partir du moment où, dans un pays, démocratique des deux côtés, une volonté très claire est exprimée par un des États constituants, qui est le Québec, d'avoir un autre régime. (...)

Je pense qu'il faut être clair là-dessus: il n'est pas question de dire que l'association est une manière de prétexte ou de sucrerie pour faire passer en douce une sorte de séparation totale, etc. Cela nous paraît être inscrit — cela fait dix ans que c'est clair quant à nous — dans le monde d'aujourd'hui. Comme il n'est pas question de tout briser et que, en même temps, il n'est pas question de brimer l'aspiration normale qui est la plénitude de la vie collective du Québec, la souveraineté et l'association sont, quant à nous, indissolublement mariées et politiquement, vont se faire comme cela...

Maintenant, vous dites que c'est conditionnel à la réaction stratégique du Canada. Il est évident que ce seront des négociations difficiles, quand elles viendront, sur lesquelles il va falloir être bien préparés, bien clairs, et sur lesquelles il va falloir faire peser cette volonté qui aurait été exprimée au référendum. Je ne voudrais pas même évoquer — parce que je m'en tiens à ce fondement démocratique de nos sociétés — la pression qui, à ce moment-là, pourrait venir de l'extérieur parce qu'après tout, on est sur la Terre, on n'est pas sur une autre planète. Le Québec n'est pas tout à fait un cas inconnu maintenant dans le monde. On a des relais dans le monde qui, actuellement, ne s'ingèrent d'aucune façon — je pense qu'on doit le souligner — dans l'évolution du Québec, mais qui existent et pour qui ce serait important et déterminant, la décision québécoise. Elle va être suivie de plus en plus près par bien des gens qui en font partie, de ce monde occidental, et qui tiennent quand même à sa stabilité et au respect du droit des peuples.

11
La continuité... jusqu'à Ottawa

Déclaration du Premier ministre du Québec à l'ouverture de la Conférence des Premiers ministres sur la Constitution, le 30 octobre 1978 à Ottawa.

Si nous sommes ici aujourd'hui, c'est d'abord, bien sûr, parce qu'on nous a convoqués afin d'examiner à nouveau certains projets de changements constitutionnels proposés il y a quelques mois par le gouvernement d'Ottawa.

Mais ce qui nous sollicite vraiment, ce sont des préoccupations bien antérieures à ces projets, et qui, on me permettra de le dire, vont beaucoup plus loin. Il est clair depuis un certain temps que l'état du cadre constitutionnel actuel, de même que les pratiques fédérales, conviennent de moins en moins à un nombre croissant de provinces, qui le font désormais savoir avec autant de franchise que de fermeté. Ce à quoi on ne saurait qu'applaudir.

Il y a encore une autre raison, qui est aussi celle qu'on évite autant que possible de mentionner. S'il existe un malaise constitutionnel, et si sérieux, c'est avant tout parce que le Québec pose à l'ensemble canadien — depuis des années sinon des générations — un problème fondamental. Et ce problème, c'est l'inaptitude du système politique existant à répondre aux aspirations profondes et constantes du Québec, du peuple québécois. Nous ne prétendons pas que cette insatisfaction soit nécessairement plus visible que celle des autres provinces. Comme elle est essentiellement d'une autre nature, on a même l'impression qu'elle a toujours plus de difficulté à s'exprimer assez clairement pour être comprise.

Essayons quand même, si vous le voulez bien, encore une fois.

Pour les Québécois du siècle dernier, l'instauration du régime fédéral, c'était la garantie de leur autonomie politique. Ils percevaient le nouveau régime comme une assurance contre la centralisation. Le pacte fédéral venant remplacer l'Union du Haut et du Bas-Canada, ils espéraient pouvoir enfin, dans les domaines qui leur paraissaient vitaux à l'époque, assumer pleinement la maîtrise de leurs affaires. Et pendant longtemps, une foule de leurs héritiers ont continué de le croire ou du moins de l'espérer.

L'illusion fut même si tenace qu'on en rencontre encore aujourd'hui qui l'entretiennent.

Et pourtant, la preuve est faite depuis longtemps que, dans l'autre société, celle du Canada anglais, dès le départ on avait compris le fédéralisme d'une tout autre façon. N'éprouvant ni les mêmes besoins ni les mêmes inquiétudes que le Québec, les Canadiens anglophones avaient souhaité, ou accepté, ce régime, essentiellement parce qu'il permettait la naissance d'une nouvelle nationalité dont l'existence et le développement exigeaient à leurs yeux un État central aussi fort que possible. Maximum d'autonomie provinciale d'un côté, maximum de puissance fédérale de l'autre: ainsi le fédéralisme canadien fut-il lancé à partir d'un immense malentendu dont le meilleur symbole est peut-être cette appellation parfaitement inexacte de «Confédération» dont on prétendit l'affubler.

Est-il besoin de dire que, au fil des années, ce n'est pas la conception autonomiste qui a prévalu à Ottawa? L'expansion territoriale, l'addition de nouvelles provinces, l'émergence et l'enracinement de la grande bureaucratie fédérale, tous ces facteurs ont servi à renforcer et, à la longue, à rendre dominante la perspective centralisatrice du régime. Dès lors et de plus en plus, le

Québec, qui était déjà la «province pas comme les autres», prit forcément l'allure de l'empêcheur de danser en rond. Au nom des principes du fédéralisme, il se vit constamment obligé de combattre des politiques qu'Ottawa s'acharnait avec la même constance à proposer, en s'appuyant bien entendu sur sa propre version des mêmes principes. Et la raison du plus fort étant d'ordinaire la meilleure, proposer revient souvent à imposer.

Après cent onze ans, force nous est de constater que cette confusion, si bien entretenue qu'une multitude de citoyens ont depuis longtemps renoncé à s'y retrouver, n'a guère favorisé le développement de relations normales entre les deux nations du Canada.

La force des choses

De part et d'autre, des tendances fondamentales absolument contradictoires se sont ainsi affrontées tout le long du chemin et, presque sans interruption, le Québec a dû lutter contre celle que favorisait systématiquement, pour des raisons que nous respectons par ailleurs, la majorité anglo-canadienne. Avec ce résultat que nous, Québécois, pour sauvegarder nos attributions constitutionnelles, nous avons toujours dû consacrer à cette fin des énergies, des ressources et du temps qu'ailleurs au Canada on avait le loisir d'utiliser à des fins plus immédiatement rentables. Tant et si bien qu'on pourrait dire que le régime est construit de façon à nous laisser cette seule alternative: ou bien négliger des droits essentiels, ou bien être sans cesse désavantagés en les défendant.

Depuis quelque temps, bien sûr, l'opinion s'est mise à évoluer dans d'autres provinces, rejoignant partiellement les vues décentralisatrices du Québec. Un bel exemple nous en est couramment fourni dans le domaine des richesses naturelles et certains d'entre nous ont ainsi connu les exquises frustrations qui peuvent s'ensuivre. Mais dans l'ensemble, on me permettra de dire que les amorces de solution qu'on a vu apparaître ne modifieraient les choses que superficiellement, sans toucher au fond de la tendance historique du Canada anglais; tout au plus prétendraient-elles l'aménager en tâchant de lui donner un peu plus de souplesse.

Or, tout cela était confusément prévisible, dès 1867, dans l'esprit des Québécois. Sans rejeter pour autant l'existence ni l'action d'un gouvernement central, ils se doutaient bien qu'au mieux leur influence n'y serait jamais que minoritaire. Il suffit, pour montrer qu'ils n'avaient pas tort, de rappeler que l'évolution démographique est venue réduire leur représention parlementaire de 36% du total en 1867 à quelque 26% au lendemain des prochaines élections, nonobstant le fait qu'il s'est parfois trouvé à Ottawa, jusqu'au tout premier plan, des hommes politiques, dont certains de grande valeur. Mais en même temps, les Québécois francophones savaient que c'est au Québec seulement qu'ils pouvaient former et demeurer une majorité. C'est pourquoi — qui pourrait leur en faire reproche? — ils y ont tout naturellement établi la base véritable de leur pouvoir politique. Et voilà aussi pourquoi, dans la perception collective comme dans la réalité des choses, c'est à Québec que s'est vite situé et que se trouve encore le gouvernement qui est pour nous notre gouvernement national. C'est là, et là seulement, qu'un pouvoir québécois a des garanties de permanence. Et je vous prierais de croire que je n'ai aucune intention provocante en disant cela; je constate simplement un fait historique et psychologique indéniable.

À mesure que le temps passe et que notre société continue d'évoluer, cette réalité devient d'ailleurs de plus en plus éclatante. Elle n'est pas née avec le 15 novembre 1976. Ce qui s'est passé il y a deux ans est en fait la conséquence d'une vieille situation que le changement rend de moins en moins supportable. Les Québécois sont en effet de plus en plus fiers de leurs racines, de plus en plus confiants en eux-mêmes. De passive et pour ainsi dire résignée qu'elle était naguère, la fidélité aux origines est devenue graduellement plus dynamique et déterminée; et de plus en plus, sans oublier le passé, c'est vers l'avenir qu'elle se projette. Elle ne saurait donc s'accommoder plus longtemps des entraves de toutes sortes que lui impose la confusion congénitale du régime. Elle exige désormais que soit traduit en termes politiques son besoin de clarté et de cohérence.

Une fausse approche

Ce besoin, qui n'est pas d'hier pourtant, a été à peu près entièrement négligé au cours des tentatives passées de révision constitutionnelle, particulièrement celle de 1968-71. Je dirais même qu'il y a là une donnée qu'on a tenté jusqu'ici de masquer tant qu'on pouvait.

On a par exemple abordé le problème constitutionnel canadien, et par conséquent celui du Québec, par le biais de l'accroissement du bilinguisme au Canada et par celui d'une modification à certaines institutions fédérales; et l'on passait de la sorte complètement à côté de la question en ce qui nous concerne.

Ce que le Québec demandait surtout et sans relâche, en effet, c'est que la constitution lui garantisse l'exercice, en pleine autonomie, de tous les pouvoirs nécessaires à son développement comme société distincte.

À la suite de bien d'autres, dont MM. Duplessis et Lesage, ces vues ont été exprimées de 1968 à 1971 par trois Premiers ministres successifs: MM. Daniel Johnson, Jean-Jacques Bertrand et Robert Bourassa. Et puis, après de nombreuses rencontres fédérales-provinciales et des comités de travail à tous les niveaux, on a abouti à la déception de Victoria. Ottawa considérait que les positions de mes prédécesseurs allaient à l'encontre de sa conception du Canada et que, par conséquent, il n'était pas question d'y donner suite. Pourtant, ceux qui les défendaient ne cherchaient tant bien que mal qu'à réajuster le cadre fédéral et non pas à le remplacer.

Inutile de dire que l'attitude d'Ottawa, tant en 1968-71 qu'auparavant, a énormément contribué à faire émerger au Québec une nouvelle approche politique et à conduire à la remise en cause du fédéralisme lui-même.

Mais l'expérience vécue ne semble pas avoir porté fruit puisque, aujourd'hui encore, l'approche demeure essentiellement la même. Si les mêmes causes produisent les mêmes effets, il n'y aurait donc pas tellement lieu, pour les tenants du régime, de s'attendre au déblocage majeur que d'aucuns s'évertuent à escompter de l'exercice qui recommence. Car tout le monde sait de reste qu'il ne suffit pas de se réunir pour réussir.

Fidèles à notre démarche et aussi à la logique pure et simple, nous croyons donc que notre principale contribution à cette conférence ne saurait résider dans une discussion point par point du projet fédéral, mais davantage dans une réaffirmation tranquille et sans trop d'illusion de ce qu'il est convenu d'appeler la continuité historique des demandes québécoises. Dans cette perspective, nous déposons donc, comme document de référence à tout le moins, une liste des positions constitutionnelles énoncées par les gouvernements qui nous ont précédé, peu importe leur parti. C'est en nous inspirant de cette continuité que nous avons pu souscrire à la déclaration unanime des provinces, lors de la rencontre de Régina. C'est la même attitude qui nous guide également dans les points de vue que le Québec formule à l'occasion des diverses conférences fédérales-provinciales. Bien entendu, nous ne saurions assumer toutes les formulations de ces demandes, puisqu'elles ont été avancées à des moments et dans des contextes différents. C'est ailleurs qu'il faut chercher la continuité.

Ainsi, tout ce qu'on trouve dans ce document au sujet des municipalités, de l'éducation ou de la culture, n'avait d'autre but que de s'opposer à des tentatives répétées d'Ottawa de grignoter des responsabilités de compétence provinciale. Dans d'autres cas, celui des communications ou de l'environnement, par exemple, il s'agissait plutôt d'obtenir pour le Québec une responsabilité prioritaire dans des secteurs que l'entente de 1867 ne pouvait prévoir. Enfin, on y retrouve des réclamations multiples dans des champs d'activité qui ne sont que le prolongement naturel des responsabilités déjà reconnues au Québec.

Ces positions de nos prédécesseurs ont ceci de caractéristique qu'elles visaient toutes à défendre les droits constitutionnels du Québec contre la centralisation, à Ottawa, des leviers politiques importants sans lesquels une société comme la nôtre se voit privée d'instruments essentiels à son épanouissement. Ce qui signifie qu'elles allaient toutes très nettement dans le sens d'un accroissement du pouvoir québécois. Et je suis sûr de n'être contredit par aucun adversaire responsable, si j'affirme qu'aujourd'hui encore, au-delà des divergences, les positions de tous les partis à notre Assemblée nationale continuent, dans le contexte actuel, à tendre vers ce même objectif. Par le truchement de centaines de groupes et d'associations représentant tous les secteurs de la vie québécoise (l'exemple le plus frappant étant sans doute celui des États Généraux), c'est cette même volonté qui s'est exprimée si souvent en formules d'une intensité variable mais de même inspiration, allant du «statut particulier» aux «États associés», tandis que les gouvernements allaient de «Maîtres chez nous» à «Égalité ou Indépendance».

Voilà cette continuité qu'on trouvera évoquée en détail dans le document que j'ai déposé. Si quelque partie substantielle de ces réclamations sur le partage des pouvoirs et des bénéfices du pouvoir, celles entre autres qui ont fait l'unanimité des provinces, devenait enfin l'objet d'un consensus solide et concret autour de cette table, nous ne sommes pas ici pour le refuser. Rien de plus légitime dans le cadre actuel.

Il nous semble cependant qu'après tant d'années négatives et avec le sentiment d'urgence que prétendait évoquer tout dernièrement le discours du trône fédéral, non seulement la balle est dans le camp d'Ottawa, mais le renvoi positif devrait en être immédiat. Il ne s'agit pas de se perdre à nouveau dans ces labyrinthes qui mènent interminablement de conférences en comités et de comités en conférences, car dans ce cas on nous permettrait d'exprimer à l'avance un scepticisme solidement nourri d'expérience vécue.

Et l'on comprendra que quoi qu'il advienne, il n'est pas question de renoncer à la grande consultation du référendum, où les Québécois auront pour la première fois de leur histoire l'occasion de se prononcer librement sur leur avenir. Et d'ici là, nous ne cesserons de proposer cette option de la Souveraineté-association qui nous apparaît comme la seule façon vraiment moderne et logique de réorganiser entre nous les rapports essentiels. Bien sûr, entre cette solution et la réforme du statu quo, il y a une différence fondamentale, celle que représenterait l'accélération et pas du tout la contradiction du cours permanent de notre histoire et de nos aspirations. Même si, dans le passé, on n'osait ou on ne pouvait pas s'avouer que c'en serait l'aboutissement le plus normal.

En un mot, la souveraineté-association, nous en sommes sûrs, c'est une expression légitime et moins équivoque que toute autre de la continuité québécoise.

L'ouverture

Mais cette affirmation nationale, elle ne contiendrait par contre aucun désir de se cantonner timidement dans l'ethnocentrisme ou le repli sur soi. À mesure que les Québécois sont devenus plus sûrs d'eux-mêmes, la continuité interne s'est doublée d'une volonté d'ouverture aux autres, plus apparente aujourd'hui que jamais dans le passé. Les Québécois ne sont pas un peuple agressif ni revanchard. Ils tiennent évidemment, comme n'importe quel autre peuple, à défendre leurs droits et leurs intérêts et à ce que leur gouvernement ne se néglige pas sur ce point. Mais s'ils tiennent à être respectés des autres, ils sont pleinement disposés à rendre la pareille, et tout particulièrement à ceux du reste du Canada avec qui se sont établies au cours des années des relations aussi nombreuses que variées.

Cet aspect-là aussi de la tradition québécoise, notre gouvernement l'endosse entièrement car il est positif et fécond. Nous sommes et nous voulons demeurer ouverts à ceux qui nous entourent. Si nous demandons à nos compatriotes québécois d'approuver le remplacement du régime fédéral par une autre forme d'association entre nous, c'est justement parce que nous cherchons à concilier ce qui nous apparaît comme l'intérêt vital du peuple québécois avec cette autre exigence de continuité qui est celle du Canada. Quand nous aurons le mandat d'en reparler officiellement, je vous prie de croire par conséquent que ce n'est pas l'égoïsme buté ni un nationalisme étriqué et fermé qui nous y aura conduits.

Nous sommes suffisamment réalistes pour savoir qu'une attitude négative ou bornée de notre part ou de la part du reste du Canada porterait à court et à long terme préjudice à tout le monde sans rendre le moindre service à personne.

C'est pourquoi il nous faudra à tous, dans les années qui viennent et à commencer par aujourd'hui, nous dégager de part et d'autre des préjugés commodes, des simplifications trompeuses et des slogans faciles et superficiels. Il nous semble que nous nourrissons, au Québec, et ce depuis que notre mémoire collective existe, un objectif profondément légitime: celui de nous construire, sans nuire aux autres, un milieu, des institutions, des moyens d'action qui puissent enfin nous permettre de contrer la dépendance excessive, celui en un mot d'être maîtres chez nous. De la même façon toutefois, nous sommes parfaitement d'accord pour que notre évolution n'empêche en rien nos partenaires des autres provinces de se développer comme ils l'entendent. En conséquence, nous sommes convaincus qu'il nous sera possible, une fois déterminé l'avenir politique du Québec, de coopérer ensemble sans amertume et dans le respect mutuel, mieux peut-être que nous n'avons jamais réussi à y arriver jusqu'à présent.

Quand on pense à l'avenir, il y a tellement de possibilités qui s'ouvrent aux Canadiens et aux Québécois que nous aurions tort, face à l'Histoire, si nous n'essayions pas, ensemble et en reconnaissant franchement nos différences, de corriger résolument le présent pour qu'il cesse une fois pour toutes d'en stériliser les promesses.

12
Québec-France et Québec-Canada: un parallèle

Toast porté par le Premier ministre du Québec à la réception offerte au Premier ministre de France, M. Raymond Barre, au Musée du Québec, le 11 février 1979.

Monsieur le Premier ministre, nous sommes particulièrement heureux de vous accueillir ce soir, vous, Madame Barre, ainsi que vos collègues et tous ceux qui vous accompagnent ici à Québec, capitale du Québec. Heureux d'abord très simplement parce que, étant convenus depuis 1977 d'une rencontre chaque année ou presque, votre visite nous donne encore une autre preuve de la fidélité de la France à ses engagements.

Une fidélité hautement méritoire, nous le savons, à certains moments, éprouvante aussi, puisque requérant dans un même pays des visites officielles consécutives dont la durée, jusqu'à la minute et paraît-il jusqu'à la seconde même, a été équitablement pesée, calculée presque dans des balances d'apothicaires! (...)

Évidemment, vous le saviez d'avance mais vous avez pu sentir, ainsi, on peut même dire toucher du doigt — nous, on l'a touché sur l'écran — d'Ottawa à Québec en passant par Montréal, à quel point, tout en étant heureusement moins dramatique que tant de problèmes qui déchirent le monde, à quel point quand même notre présent à nous aussi n'est pas simple et n'est pas facile.

Or, cette complexité et toutes ces tensions qui, nous en avons bon espoir, se résoudront bientôt pour le mieux, vous me permettrez de vous dire qu'au fond, c'est à cause de vous, c'est de votre faute à vous les Français...

Si tout là-bas, au temps de François Ier d'abord et ensuite pendant deux siècles, en cherchant pour commencer le passage vers la Chine qu'heureusement on retrouve aujourd'hui de façon très rentable, vous n'aviez pas eu cette idée assez incongrue de découvrir, de coloniser, d'enraciner ce qui s'est d'abord appelé la Nouvelle-France, on n'en serait pas là, il n'y aurait pas de problème.

Au lieu de trente-neuf habitants sur quarante de ce continent, il y en aurait quarante sur quarante qui parleraient anglais et justement on n'en parlerait plus à ce moment-là. Non pas, tout de même, que des gens, pour notre plus grand bien évidemment, n'aient pas songé à compléter cette anglophonisation du continent! Comme cet Anglicanus (c'était son pseudonyme) qui écrivait dans quelque chose qui s'appelait le *Quebec Mercury*, ici à Québec, aux alentours de 1806: *This province is already too much a french province for an english colony.* Et il avait même fabriqué un néologisme pour donner la perspective souhaitable de l'avenir: «to *unfrenchify* it, shoud be a primary object».

Si je comprends bien vos réactions, je n'ai pas besoin de traduire... de toute façon, to *unfrenchify it,* Dieu sait qu'il y en a qui l'ont souhaité, qui ont essayé de toutes les façons, mais ça n'a pas marché.

Parce que les racines étaient déjà trop fortes et trop fécondes aussi et, en dépit de l'éloignement forcé, le souvenir du vieux pays a aidé pendant un bon siècle et davantage à maintenir ce qu'on appelait chez nous la survivance.

C'est assez peu connu, souvent même chez nous, et ça mérite d'être dit un peu, ce long attachement farouche qui a aidé à nous soutenir et, plutôt que de multiplier les lieux communs, on peut l'illustrer par cette anecdote qu'un de nos écrivains, Robert de Roquebrune, rapportait dans un de ses ouvrages.

C'était en 1870, au moment où la France subissait «l'année terrible», comme Victor Hugo l'a baptisée, après la guerre avec l'Allemagne.

Une villageoise, quelque part au Québec, ayant appris les moments tragiques qu'on vivait au cours du siège de Paris, était allée rencontrer son curé, qui était évidemment alors — Eminence, vous vous en souvenez — la conscience et le porte-parole numéro un de toutes nos communautés; lui remettant des vêtements, de la nourriture et une modeste somme d'argent à même ses épargnes, elle lui avait dit: «Monsieur le curé, c'est pour envoyer là-bas à nos gens.»

À lui seul, ce simple petit bout de phrase, c'est tout un commentaire sur ce que représentait, un siècle et plus après la bataille des plaines d'Abraham, l'attachement qui continuait, qui n'avait pas besoin d'être raisonné, qui n'avait pas besoin de certains de ces esprits chagrins toujours en train de se poser des questions sur la rentabilité, etc., qui tout simplement coulait de source. Et pourtant c'était un siècle après qu'on avait espéré, dans les milieux pour qui c'était normal, avoir coupé à jamais tous les liens entre le vieux pays et son rejeton ici.

Alors, c'est comme ça qu'il y eut d'abord deux volets: deux siècles d'origine, d'enracinement, d'identité et puis deux siècles de survivance tenace et difficile. Et puis, depuis la Deuxième Guerre mondiale surtout et les retombées de l'après-guerre, les mutations sociales et économiques qui, chez nous comme ailleurs, sont arrivées, s'est ouverte une tranche nouvelle de notre histoire encore toute récente, mais qui galope dans l'accélération que l'Histoire connaît partout.

C'est celle de l'affirmation nationale à laquelle au plan de l'État, présidait un gouvernement dont je resterai fier d'avoir fait partie, et qui était celui de Monsieur Lesage, que je tiens à saluer, puisqu'il nous a fait le plaisir d'être avec nous ce soir.

Et là, en même temps que les aspirations croissantes, que le besoin de rattrapage qu'on sentait, de modernisation aussi et puis de ce qu'on appelait l'autonomie avant d'oser parler de quelque chose de plus, il y a eu, c'est inévitable, le réveil de la mémoire. Parce que l'un ne va pas sans l'autre.

Le passé et l'avenir: les deux points repères absolument essentiels dès qu'on se met en mouvement. On m'a trouvé une très belle citation: *L'idée du passé ne prend un sens et ne constitue une valeur que pour l'homme — on pourrait dire aussi la communauté humaine, — qui se trouve en soi-même une passion pour l'avenir.*

Et comme c'est de Paul Valéry, vous êtes nécessairement tous d'accord. Mais c'est vrai aussi, en plus. C'est donc ce réveil de la mémoire en même temps que l'indispensable ouverture sur le monde qui fait partie de la maturité, qui se sont conjugués au cours de cette décennie-charnière des années soixante pour faire arriver naturellement — il y avait quelqu'un d'ailleurs qui parlait souvent à ce moment-là de la nature des choses — pour faire arriver ce rapprochement de plus en plus vécu, sur des plans de plus en plus divers, encadré par des accords signés au temps d'un autre chef de gouvernement, M. Daniel Johnson, dont le fils est avec nous ce soir. (...)

Et pendant ce temps-là, alors que s'articulaient, se développaient ces relations nouvelles avec la France, s'amplifiait ici chez nous, vous le savez, ce problème de deux identités, de deux peuples, dont il me semble que la solution est admirablement illustrée justement par ces liens franco-québécois, par la nature de ces liens franco-québécois que nous avons établis.

Vous savez, de ces relations qui sont si évidemment nécessaires avec la France, on peut tirer, il me semble, un parallèle qui est bien propre à illustrer notre projet national à nous, tel que nous nous acharnons depuis bon nombre d'années, en nombre croissant, à le faire se concrétiser démocratiquement.

Le fait que nous, Québécois, constituions à notre échelle, relativement modeste bien sûr, une entité politique complètement distincte de la France, ne nous a nullement empêchés ni d'entretenir vis-à-vis d'elle les sentiments les plus amicaux, les plus fraternels, ni de parfaire chaque jour davantage des accords de coopération culturelle, technique, économique, mais dans un climat d'égalité et de respect mutuels. Et, il nous semble, dans l'intérêt et pour le plus grand bien des deux parties.

C'est à peu près cela que nous proposons maintenant au Canada. Le temps, nous semble-t-il — et de plus en plus de l'autre côté, je crois que des gens l'admettent — le temps est venu pour cet ensemble canadien de reconnaître notre personnalité nationale à nous: ce qui veut dire le droit que nous avons de gérer nos propres affaires sans avoir à demander la permission à personne et sans aucune tutelle devenue anachronique.

Il y a d'ailleurs, tout récent, tout chaud encore, même s'il y en a qui essaient déjà de le refroidir, le rapport Pépin-Robarts, comme on l'appelle communément, qui est assez éloquent à ce propos.

Et en même temps, les liens géographiques et historiques, le voisinage, l'interpénétration des deux siècles qui n'ont pas apporté que des inconvénients, s'ils confirment la dualité, plaident aussi très logiquement au nom de l'humanisme et du bon sens pour une association étroite en de nombreux domaines, association qui remplacerait les affrontements et les incompréhensions par le respect et par l'entente que nous n'avons vraiment jamais connus; et le frein des affrontements stériles et le replâtrage constitutionnel sans issue par un nouveau dynamisme, qui au lieu de les obstruer pourrait magnifiquement nous ouvrir les portes de l'avenir.

Il y a des gens, vous en avez peut-être rencontrés quelques-uns récemment, qui s'acharnent à fabriquer là-dessus des scénarios vraiment apocalyptiques, à transformer ce qui est la vraie promesse de l'avenir en des espèces de succédanés baroques du docteur Folamour.

Incapables qu'ils sont de voir qu'un Québec enfin lui-même, pleinement lui-même, ce serait en même temps un Canada, pour employer le jargon d'aujourd'hui, un Canada solutionné.

Évidemment, le choix que j'évoque, que nous évoquons depuis longtemps, doit naturellement être entériné bientôt et démocratiquement par le peuple québécois d'abord.

Il fut un temps, ce choix aurait été une utopie. Aujourd'hui, c'est plus qu'un projet, c'est quelque chose dont nous sommes sans cesse plus nombreux à vouloir faire une certitude.

Et, du fond du coeur, nous vous remercions à ce propos, dans cette perspective, Monsieur le Premier ministre du gouvernement français, d'avoir rappelé ces jours-ci, dans un contexte délicat mais tranquillement et de façon bien pesée, et comme elle fut d'abord prononcée, la phrase du président de la République française qui disait que la compréhension, la confiance et l'appui de la France ne nous manqueront pas le long de la route que *nous* déciderons de suivre.

C'est dans cette perspective justement que j'ai maintenant l'honneur, si vous le voulez bien, de vous inviter tous à lever vos verres à la santé, bien sûr d'abord de la France qui nous visite, du Québec et, dans le contexte que je viens d'évoquer vous n'en serez pas surpris, à la santé également du Canada. Et très personnellement, très cordialement, à la vôtre aussi, Monsieur le Premier ministre.

13
En deux mots, le Livre blanc

Extraits du Message inaugural prononcé à l'Assemblée nationale du Québec, le 6 mars 1979.

(...) À notre humble avis, et je n'apprends rien à personne, toute émancipation véritable devra d'abord passer par l'établissement d'un nouveau rapport de forces dans le domaine économique et par la souveraineté politique qui, seule, pourra rapatrier tous les instruments nécessaires à notre développement.

La moitié des impôts des Québécois alimentent encore les coffres d'Ottawa. Et cette partie de nos taxes est celle qui affecte le plus directement notre économie; elle donne à un autre gouvernement, au service d'abord d'une autre majorité, la marge de manoeuvre stratégique et les grands leviers d'intervention qui manquent terriblement au Québec. Il nous faut, le plus tôt possible, nous donner les instruments complets et autonomes d'une politique économique qui soit entièrement à notre service, tout en tenant compte des intérêts que nous partageons avec nos voisins et du maintien de l'espace économique canadien.

Cette nouvelle définition de nos rapports exige une transformation majeure des structures politiques, ce que désirent profondément la majorité des Québécois. Tout appelle désormais à la conclusion d'une nouvelle entente, d'égal à égal, entre les deux peuples qui cohabitent actuellement à l'intérieur du Canada.

Telle est la perspective dans laquelle doit s'inscrire le référendum que nous nous sommes engagés à tenir au cours du présent mandat de gouvernement.

Afin d'alimenter la réflexion de tous, une fois passées certaines échéances électorales, le gouvernement s'engage à présenter à la population et à ses représentants à l'Assemblée nationale un document qui apportera là-dessus un éclairage définitif, particulièrement en ce qui concerne les liens et les institutions de nature surtout économique qu'il conviendra de conserver entre le Québec et le Canada.

Pour la première fois de leur histoire, les Québécois pourront alors exercer librement et en toute connaissance de cause ce droit à l'autodétermination qui est le propre des nations modernes et qui leur est maintenant reconnu par tous. Et le choix des Québécois, on peut en être sûr, sera respecté par tous.

14
Les deux côtés du ciel

Discours de clôture du Congrès national du Parti québécois, le 3 juin 1979 à Québec.

Ce Parti québécois, le voilà donc pour les deux ans qui viennent plus sain, plus serein et dans le bon sens du mot, plus nerveux c'est-à-dire plus fort que jamais. Ceux parmi nous qui croyaient deviner la morosité dans nos rangs ne peuvent pas ne pas le sentir ce soir et ceux du dehors qui la cherchaient ou l'espéraient ne peuvent pas ne pas le constater, ce qui ne signifie absolument pas qu'ils vont aller, cette constatation, la faire savoir. Après tout, dans quelque milieu que se retrouvent ces braves éteignoirs, ou à Ottawa ou dans sa succursale qui nous fait face à l'Assemblée nationale, ou chez les profiteurs du régime qui y trouvent des carrières ou des prébendes, comme chez ceux qui sont à leur solde fidèlement, on va tout naturellement et jusqu'à la fin s'acharner: répéter à notre égard que tout ce qui est blanc est noir et que tout ce qui est clair est quand même terriblement confus.

Hélas, on va continuer ainsi à tâcher d'entretenir et d'accentuer si possible tous ces vieux complexes que l'histoire nous a inculqués de père en fils. Et qui rendent encore à beaucoup de Québécois si malaisé, comme si c'était une tâche quasiment impossible, de croire simplement qu'on n'est pas pire que les autres et tout aussi simplement qu'on a le droit de traiter d'égal à égal avec les autres.

On va continuer aussi longtemps qu'on le pourra avec tout l'argent qui ne manquera pas, à tâcher de nous faire prendre la peur pour la prudence et le tournage en rond pour le progrès.

Vous savez, en voyant avec quelle sombre énergie nos chevaliers à la triste figure s'acharnent à nous ratatiner collectivement, il y a des fois où j'ai l'impression de voir le Québec, jusqu'à nouvel ordre, un peu comme une de ces journées étranges du mois d'août — on en a tous connues — qui nous divisent le ciel en deux horizons contrastants et même contradictoires, où d'un côté il y a de la lumière partout et une perspective qui est pleine de couleur et qui porte très loin, tandis que de l'autre côté, les nuages font comme un mur noir et gris où il y a seulement quelques pâles rayons dont la source est mourante. C'est dans ce décor blafard et sans promesse que passent et repassent nos chevaliers à la triste figure, faisant appel à ce qu'il y a de plus triste et amenuisé dans l'héritage que forcément nous portons, pour nous attirer vers ce côté du déclin, pour nous confiner dans ce cul de sac jusqu'à la fin de l'espoir, jusqu'à ce que notre importance numérique qui baisse vite dans le Canada fédéral d'aujourd'hui ait diminué au point non seulement de nous minoriser mais de nous marginaliser.

Et le long du chemin, on continuerait de se faire punir et même de se faire voler à l'occasion, surtout quand on fait des bons coups comme au moment de la taxe de vente; on continuerait comme le petit gars légendaire à boucher sans cesse le mieux possible, avec les moyens du bord, les trous dans l'emploi et dans le développement, tandis que les politiques et même les caprices d'Ottawa persisteraient à agrandir les brèches; on continuerait à recevoir d'ailleurs des cataplasmes d'assistance et de programmes saisonniers sans cesse lancés et sans cesse discontinués, tandis qu'une portion énorme de nos ressources servirait à développer les autres; on continuerait à subir platement, passivement, sans autre défense possible que la démission, toutes les formes de chantage permanent comme celui qui, en ce moment, s'est remis à tourner autour des sièges sociaux;

on continuerait à favoriser Ford pourvu que ce soit en Ontario, à rentabiliser l'activité portuaire à Halifax et sur le Pacifique, à donner des prix de faveur dans les avions à condition d'aller ailleurs, mais en augmentant ce qu'on doit payer chez nous, quelle que soit la distance; on continuerait d'avoir à quêter la permission et quand on finit par l'obtenir de guerre lasse, déjà on a usé la moitié de ses énergies. La permission de construire ou de restaurer nos habitations comme nous l'entendons, la permission d'organiser notre démarche sociale que ce soit pour la naissance, pour la famille, pour la santé, pour la justice ou pour la retraite, la permission d'organiser notre économie en agriculture, dans les pâtes et papiers, dans les pêcheries ou même la permission de communiquer librement à travers le monde avec les interlocuteurs que nous voulons.

Et le long du chemin, on continuerait aussi de nous amuser tristement avec ces slogans et ces trompe-l'oeil du fédéralisme, reconstitué, replâtré et qui chaque fois qu'on ose y mettre un contenu qui soit autre chose que le statu quo camouflé, mène infailliblement d'échec en échec et donne aux Québécois une réputation, pardessus le marché, d'empêcheurs de danser en rond. C'est tout ça et de mal en pis qui continuerait, si par malheur nos chevaliers conscients ou inconscients nous amenaient à dire *non* à la question qui sera posée bientôt. On aurait ensuite toutes les années qu'il faut pour le regretter et aussi pour y goûter!

Quant à nous, en sortant de ce congrès et jusqu'au jour du référendum, ce que nous avons à proposer avec clarté et désormais avec une confiance inébranlable, c'est l'autre horizon, celui où la lumière est comme celle du soleil levant et où la vue porte aussi loin que tout l'avenir. C'est l'affirmation, tellement normale qu'on se demandera longtemps après pourquoi elle aura été si tardive, de l'égalité entre deux peuples et du droit pour l'un comme l'autre de se conduire chez lui comme une majorité et d'administrer sa demeure comme un propriétaire.

C'est le droit et les moyens de nous faire librement une société de plus en plus viable, qui cesse de dépenser tant de temps et d'énergie à obtenir des demi-permissions et décide de ne pas se faire trop marcher sur la tête. On nous disait récemment: dans quinze ans, quinze années de fossé scandaleux entre le sommet et la base; la pyramide sociale n'a strictement pas changé et la pauvreté et souvent la misère sont encore le lot de 20% des gens. Si nous voulons établir des politiques sociales plus efficaces et plus humaines, la souveraineté nationale, ça veut dire que nous pourrons le faire sans avoir à nous tirailler perpétuellement avec ceux qui contrôlent la moitié de la caisse et la moitié des outils en dehors de chez nous.

La souveraineté, ça signifie aussi, permanente sans qu'on ait continuellement à s'en inquiéter, la sécurité et la santé linguistiques et culturelles. La souveraineté, c'est le dynamisme en même temps que l'inspiration renouvelée des artistes, des penseurs, des chercheurs — de toute cette explosion d'activités qui ne demandent qu'à nous stimuler toujours davantage à condition que le climat lui-même soit stimulant.

La souveraineté, c'est le droit exclusif d'aller solliciter et d'inviter chez nous tous ceux de par le monde qui sont prêts à nous apporter cette richesse inestimable qu'est l'immigration quand elle connaît d'avance honnêtement les règles du jeu et peut arriver prête à les appliquer avec nous.

La souveraineté, c'est le développement et la croissance qui solliciteraient enfin une vraie mobilisation de peuple équipé maintenant pour faire face à tous ses défis. Après l'énorme effort de rattrapage des vingt dernières années, avec toutes les imperfections que nous connaissons trop et avec les trous qui restent à combler, savons-nous assez que le Québec a désormais le taux de scolarisation de base le plus élevé d'Amérique du Nord?

La souveraineté, pour employer productivement tout ce potentiel, c'est que nos ports et notre transport aérien, y compris les contrôleurs et les pilotes et le reste — c'est à nous de nous en occuper. La souveraineté, c'est que la production agricole et l'agro-alimentaire et la zone côtière de deux cents milles avec ses ressources, c'est à nous d'y voir et d'en tirer le maximum d'autosuffisance.

La souveraineté, c'est la liberté totale d'aller prospecter tous nos marchés, de développer l'exportation de nos produits et de nos capacités, de notre extraordinaire faculté d'invention et de mise au point. À preuve, ce tout petit programme encore que nous avons lancé pour aider nos petites et moyennes entreprises innovatrices et où il ne se passe pas de semaine, sans que je voie passer cinq, six et parfois dix ou douze projets qui soulignent cette incroyable fertilité de l'esprit d'initiative québécois — quand il peut se lâcher.

Et pour aider à se lancer dans tout ça et dans le reste, la souveraineté, c'est la fin du chantage et des folies de toute espèce qui cherchent sans cesse à nous barrer les jambes. C'est un budget complet et qu'on peut concentrer tout entier sur nos tâches prioritaires, chez nous. C'est le droit de rapatrier chez nous aussi la canalisation normale et fructueuse de ces milliards d'épargne accumulée, d'assurances, de pensions présentement en danger quotidien de se faire siphonner à l'extérieur et c'est encore combien de centaines de millions par années qu'on ne cesse de gaspiller en grande partie en dédoublements: deux systèmes d'impôt, deux politiques agricoles, deux politiques des pêcheries, deux politiques de communication, deux politiques culturelles, deux politiques sociales qui sont non seulement ruineuses, mais qui se marchent constamment sur les pieds. Et par delà, au-dessus de tout ça, la souveraineté, c'est le sentiment de fierté et d'accomplissement et de responsabilité joyeuse que ressentent infailliblement tous ceux qui, pour la première fois, entrent dans un foyer qui est bien à eux, qui leur appartient sans conteste et qu'ils ont le droit de meubler, d'aménager et de décorer à leur guise.

Et cette souveraineté, nous en proposerons également l'association d'égal à égal avec nos voisins et partenaires du reste du Canada, car de part et d'autre c'est notre intérêt le plus évident et le plus durable aussi.

Il y a une première page de journal qui nous disait ce matin que le Parti québécois avait voté pour le Canada. Vous savez, c'est foncièrement vrai car ce que nous proposons, c'est non pas l'émiettement et la brisure, mais l'occasion de trouver enfin et ensemble un nouveau départ qui, seul, peut dissiper les vieux malentendus et les vieilles plaies de l'histoire et de part et d'autre tant de complexes enracinés. Un départ sans frontière soupçonneuse, sans entrave entre nous dans la circulation des personnes, des marchandises et de la monnaie. Bref une association enfin basée sur l'égalité essentielle des sociétés qui, seule, leur permettra jamais de s'unir dans la force plutôt que de s'affaiblir dans l'affrontement.

Et si nous savons bien la répandre, cette promesse d'un nouveau départ, si nous savons y penser exclusivement maintenant, en oubliant les prochaines élections, car l'avenir national a une tout autre importance que le pouvoir, si nous savons plus que jamais dans cette campagne nous rapprocher de tout le monde sans la partisanerie ou les méfiances qui l'empoisonnent, car sur ce plan-là on est tous québécois quoiqu'il arrive, moi je vous assure que la question, le jour venu, le gouvernement ne trouvera pas difficile de la mettre au point. Et j'ai confiance que pour une solide majorité des citoyens, une majorité que j'anticipe surprenante, la réponse viendra quasiment toute seule.

Ce *oui* québécois, au Canada anglais comme au Québec et comme à l'étranger, il sera entendu avec respect, le respect que commande l'expression libre et démocratique d'un peuple. On se souvient encore du 15 novembre 1976. On se rappelle non seulement ce que ça a pu déclencher pendant un certain temps de fierté collective, mais aussi ce déblocage qui a fait son chemin un peu partout dans les esprits en dépit des calomnies et des clameurs négatives et qui a provoqué finalement la remise en question dont on parlait depuis si longtemps, mais qui n'arrivait jamais.

Eh bien, je vous en passe un papier, à côté du *oui* historique qu'on entendra bientôt, le 15 novembre 1976 c'est vraiment de la p'tite bière. Et ce oui québécois, de plus en plus nombreux, à côté de nous, dans les Maritimes, en Ontario, il y a des gens qui se préparent à y faire face honnêtement et rationnellement et à faire face aux changements qu'il exigera.

Je me contenterai pour l'instant de la preuve toute récente que constituait ce sondage par lequel des centaines de cadres et de dirigeants et plusieurs milliers de citoyens de l'Ontario ont fait savoir gentiment au Premier ministre Davis qu'ils ne partageaient pas du tout ses attitudes de négativisme illogique et de pure façade. Et qu'eux autres au contraire, si le Québec en manifeste clairement la volonté, vont exiger qu'on négocie de bonne foi et une fois pour toutes en arrêtant de faire semblant.

Car au fond, ils savent très bien que si on devait passer à côté d'une pareille chance de liquider les carcans et les préjugés du passé, alors très évidemment, les séparatistes, ce n'est pas au Québec qu'ils se trouveraient. Mais ça n'arrivera pas.

Deux sociétés démocratiques et à tant de points de vue complémentaires sauront se montrer capables de relever ce défi. Elles s'en sortiront ensemble côte à côte avec une compréhension, une franchise et un respect mutuel nouveaux, seuls ingrédients sur lesquels peuvent se fonder de façon solide une vraie et féconde amitié, et nous du Québec, dans un monde où les petites sociétés et les petits pays sont si souvent les modèles du progrès et même les seuls phares de la civilisation, nous serons libres de fournir à tous les Québécois, et en particulier à la jeunesse qui en a tant besoin, le chantier, un chantier qui ne fermera jamais, le chantier du plus grand dès le départ et bientôt du plus entreprenant et du plus prospère de tous les petits chantiers du monde.

15
Le jour J —
avec le temps d'y penser

Déclaration du Premier ministre à l'Assemblée nationale du Québec, le 21 juin 1979.

Nous voici au deuxième volet de la promesse que nous faisions aux Québécois lors de la campagne électorale. C'était d'abord de faire de notre mieux pour être un vrai et un bon gouvernement — aux citoyens de juger si nous y avons réussi jusqu'à présent — et ensuite, par un référendum tenu au cours de ce mandat, de nous consulter tous ensemble sur notre avenir national. L'ordre qu'il fallait remettre dans les finances et dans l'administration, les réformes qu'il fallait effectuer et les engagements électoraux que nous avions à remplir, tout cela nous a obligés en conscience, pendant deux ans et plus, à tâcher à peu près exclusivement de réaliser le genre d'actions gouvernementales que les électeurs exigeaient en premier lieu et sur lequel ils ont, d'ailleurs, le droit de compter jusqu'au bout.

D'autre part, les projets de réforme constitutionnelle de l'ex-gouvernement d'Ottawa et l'hésitation interminable qui a précédé le scrutin fédéral n'en finissaient plus de brouiller les cartes et faire gaspiller beaucoup de temps et d'énergie en entretenant la confusion. Cette échéance électorale est désormais chose du passé et les Québécois savent qui va les gouverner à Ottawa.

À mi-chemin de notre propre mandat, le débat référendaire peut maintenant commencer pour de bon. Ce n'est pas trop tôt, mais ce n'est pas non plus une raison, comme on le disait chez nous quand j'étais jeune, pour partir comme des fusils sans plaque, car c'est un choix historique qui nous attend à la fin de ce débat.

Le gouvernement souhaite, par conséquent, que cette décision se prenne dans les meilleures conditions possibles, sans bousculade précipitée comme sans retard excessif. Je ne pense pas que j'apprenne grand-chose à personne en disant que les dernières semaines m'ont permis de consulter beaucoup de monde sur ce moment le plus approprié. Comme les avis étaient partagés, j'ai essayé, en mettant de côté tous les calculs tactiques, de m'attacher à découvrir ce qui correspondait le mieux à l'intérêt d'un peuple pour lequel cette brève journée de décision sera tellement cruciale. La conclusion qui s'est imposée, c'est qu'il ne serait pas correct de brusquer les choses. Il faut laisser aux Québécois le temps nécessaire pour réfléchir à toutes les options qui leur seront présentées et bien sûr que d'abord ces options ou ces perpectives puissent devenir parfaitement claires afin qu'on puisse choisir en toute connaissance de cause. Or, nous n'en sommes pas encore là. Sauf erreur, nous ne pourrons y arriver que dans quelques mois, à tout le moins.

Le Parti québécois, lui, à son dernier congrès, a précisé à maints égards son projet de souveraineté-association et la démarche qu'il propose aux Québécois et aux Canadiens pour la réaliser. Nous avons l'intention d'expliciter encore davantage ce projet dans une position du gouvernement qui deviendra, de fait, l'objet de la consultation populaire.

Malheureusement, chez les tenants du régime fédéral, les choses sont moins avancées. L'Opposition officielle s'est engagée à faire connaître sa conception du fédéralisme vers octobre ou novembre. Il est dans l'intérêt de tous que cela puisse être connu, discuté et évalué avant le référendum. Il en va de même pour les propositions constitutionnelles que le nouveau gouvernement de M. Clark a promis de mettre au point au cours des prochains mois. Par conséquent, il me semble que nous ne devons pas essayer de prendre les autres de vitesse. Il faut que chacun ait le loisir de mettre enfin clairement — ce qui n'est jamais arrivé chez nos amis d'en face — toutes ses cartes sur la table. Le moment est venu pour tous de se brancher. À mon sens, l'automne qui vient doit donc servir de période de mise au point et de réflexion sur l'avenir du Québec et de ses relations avec le Canada. C'est une perspective qui offre aussi l'avantage pas du tout négligeable de permettre à l'Assemblée nationale, si elle le veut bien, de procéder normalement à l'adoption du programme législatif annoncé dans le message inaugural et le discours sur le budget.

La vie n'arrête pas ni les problèmes qui se posent et qui n'acceptent pas de moratoire. Le gouvernement, en tout cas, a le devoir de garder, pour ainsi dire, la voiture en marche en même temps qu'on discutera du moteur le plus indiqué pour l'avenir. C'est ainsi que plusieurs lois importantes sont encore inscrites au feuilleton et que d'autres s'y ajouteront à la rentrée, dont celles qui concernent le développement économique et la réforme de la fiscalité municipale pour le ler janvier prochain.

Ai-je besoin de vous dire qu'on espère également profiter de l'automne, en y mettant tout ce que nous pourrons, pour conclure les négociations avec les employés des secteurs public et parapublic, car il ne faudrait pas que viennent se heurter, comme s'ils étaient contradictoires, les intérêts légitimes des travailleurs de l'État à l'intérêt global de la collectivité tout entière. La question de l'avenir national, ces travailleurs devraient pouvoir, eux aussi, y penser comme citoyens dans le climat le plus serein possible.

Voilà donc pourquoi nous avons décidé que le référendum aurait lieu au cours du printemps prochain. Cela veut dire que le débat de l'Assemblée nationale sur le texte de la question devrait normalement se tenir vers le début de l'année qui vient. D'ici là, au plus tard à la rentrée parlementaire de cet automne, le gouvernement publiera une position officielle pour définir non seulement le pourquoi et le comment, mais le contenu définitif de l'option qu'il soumettra aux citoyens. Ainsi, sera connue, en tout cas, toute la substance de la question éventuelle.

Quant à la formulation précise de celle-ci telle qu'elle devrait apparaître sur le bulletin de vote, nous comptons la faire connaître à la Chambre avant l'ajournement des Fêtes, dès que le programme législatif de l'année aura été rempli. Mais, justement parce que ce libellé doit d'abord être approuvé par l'Assemblée nationale, il va de soi qu'il ne pourrait être final avant qu'on en ait débattu.

Il devrait suffire, pour aujourd'hui, de répéter à nouveau qu'il portera, pour l'essentiel et quoi qu'il advienne, sur l'option du gouvernement, c'est-à-dire un mandat pour rapatrier tous nos impôts et nos pouvoirs législatifs tout en maintenant les liens économiques avec le Canada. Voilà donc comment nous envisageons ce grand débat référendaire qui amènera le Québec à se prononcer librement, pour la première fois de son histoire, sur l'orientation nationale qu'il désire.

Ce débat, il s'engage vraiment en cette première journée de l'été et, compte tenu de son importance et de la complexité des enjeux, il sera relativement court. Nous souhaitons tous, j'en suis sûr, qu'il puisse se dérouler dans le calme et une atmosphère réfléchie, parce qu'il doit définir les chances d'avenir de tout un peuple, et que, par conséquent, il se situe au-dessus des partis et au-delà des considérations à courte vue et tout particulièrement des préoccupations électorales.

16
La chance de l'histoire

Dépliant de l'Assemblée nationale du Québec pour le comté de Taillon, message du député, septembre 1979.

Le Québec n'est pas une «province» que le destin aurait condamnée à perpétuité à être enfermée dans la vieille structure d'un fédéralisme rigide. Le Québec est une nation, dotée d'une histoire, d'un comportement, d'une culture propres. Cette différence, il est pour nous vital de la faire entrer dans les institutions et dans les faits. Or, ce devoir collectif, c'est aussi le plus indiscutable des droits.

Car le Québec, aujourd'hui, n'a que deux choix: subir le lot des minoritaires, c'est-à-dire compter de moins en moins. Risquer de se dénaturer peu à peu dans le creuset fédéral. Et laisser se dilapider son potentiel humain et matériel dans un statu quo dont les Québécois, c'est clair, ne veulent plus, mais qu'on va tenter de leur faire accepter encore par déformation des faits et par l'évocation de toutes les catastrophes imaginables... ou plutôt inimaginables!

Ou l'autre choix: celui de la souveraineté démocratiquement instituée et donnant le ton du dialogue entre deux partenaires associés et égaux. L'inégalité, c'est le risque permanent du mépris. Par contre, l'égalité, ce n'est pas la rupture. C'est au contraire le respect mutuel et la saine possibilité des grands projets conjoints. C'est l'entente amicale et fructueuse au lieu des incompréhensions, des affrontements d'hier et d'aujourd'hui.

Chaque Québécois est aujourd'hui convié à un effort de réflexion dont dépend infailliblement le sort de tous. Le projet à réaliser, la souveraineté-association, est fondé sur la négociation d'une nouvelle entente avec nos partenaires du Canada anglais. Ce projet, ce n'est pas l'éclatement, mais l'harmonisation dans l'amitié, ce n'est pas l'aventure, mais la seule vraie prudence pour un peuple qui se respecte et tient à s'assurer un avenir national digne de ce respect.

C'est *la* chance de l'histoire qui s'offre. Il serait impardonnable de la rater.

17
L'indispensable égalité ou . . . monter en graine!

Allocation improvisée du Premier ministre du Québec à Rimouski, le 15 septembre 1979.

Hier après-midi, à Rivière-du-Loup, j'ai rencontré un monsieur qui travaille dans une des institutions de la région et qui, très évidemment, est un Québécois d'adoption. Je lui ai demandé: «Quelle est votre origine?» Il me répondit: «Je suis égyptien». Et ça m'a amené à évoquer avec lui des choses. Je lui racontai donc en partie des choses qu'il connaît mieux que moi puis en autre partie, des choses que nous avons vécues plus que lui...

Autour de 1955-56, les Égyptiens, à un moment donné, se sont aperçus que sur leur territoire, il y avait quelque chose qu'ils étaient capables d'administrer aussi bien que n'importe qui et qui avait toujours été manipulé de l'extérieur. Ça s'appelle le Canal de Suez. C'a été l'occasion de toute une série de remous au Proche-Orient. Il y a même eu des opérations militaires autour de ça. Mais une des clés de ce qui se passait à ce moment-là, je m'en souviendrai toujours, c'était que toute une série d'esprits paternalistes avaient pris l'habitude de manipuler les Égyptiens comme ils voulaient, y compris les vieux pays européens qui faisaient de l'argent avec «leur» Canal de Suez et dont le refrain était: «Des gens comme ça, des Égyptiens, si jamais ils mettent la patte sur le Canal de Suez, ça ne marchera plus jamais, c'est fini, c'est foutu! Ils ne sont pas capables».

Les Égyptiens, ça leur a mis le feu. Ils ont pris en mains le Canal de Suez, et depuis ce temps-là, malgré les accidents de parcours qui peuvent se produire, il n'a jamais mieux fonctionné. Mais c'est l'Égypte qui en profite, ce qui est un peu normal puisque ça passe chez elle. Et on a découvert qu'elle avait la compétence nécessaire, comme je le rappelais au monsieur en lui disant: «Moi, j'ai vécu ça aussi en 1962, pendant la campagne qu'on a faite pour les compagnies d'électricité.» On avait eu une assemblée un soir; j'étais libéral encore à ce moment-là — chacun a son passé et d'ailleurs, le sourire avec lequel je le dis n'a rien d'amer. Ce sont de bons souvenirs. Au moins pendant une bonne partie de cette période, je pense qu'on a fait du travail convenable. C'était au moment où le Parti libéral avançait par devant plutôt qu'à reculons... Mais à la suite d'une assemblée dans un comté qui a sa valeur folklorique légendaire au Québec, le comté de Westmount, il y avait une petite réception. À cette réception il y avait, je me souviens, une espèce d'armoire à glace qui avait pris un peu trop de scotch, ce qui le rendait agressif. À un moment donné, parce qu'il était une armoire à glace — puis moi, vous m'avez vu —, il m'avait poussé jusqu'au mur et il était là, le doigt pointé sur moi en disant: «Lévesque, how can people like you? Des gens comme toi ou comme vous autres, vous pensez que vous êtes capables de runner *to run* Shawinigan Water & Power!» Je lui répondis: «Toi, mon enfant de nanan, tu vas voir qu'on est capable!»

Si j'avais eu besoin d'une injection de détermination additionnelle, il venait de me la donner. Il ne le savait pas mais ça, en un sens, ça rejoint ce que représente le référendum. C'était notre engagement suprême en 1976 de consulter les Québécois sans cacher nos couleurs, en fonction d'une option pour laquelle on s'est battu depuis une douzaine d'années comme parti, pour laquelle toute notre action politique a été dirigée vers deux étapes: la première qui est pré-référendaire, c'était d'arriver au gouvernement (il faut passer par là si on veut pouvoir déterminer au moins les échéances de la suite), d'arriver au gouvernement de façon à pouvoir essayer (ça ne sera jamais parfait, mais il y a seulement les illusionnistes qui s'imaginent qu'on va atteindre la perfection) essayer donc de se démontrer, comme jamais auparavant, qu'on était capable d'être efficace comme gouvernement. C'est important de se le démontrer et il me semble qu'on est en train de le faire, au niveau aussi bien des régions que de l'ensemble du Québec, qu'on est capable d'être aussi compétent que n'importe qui.

Et puis la seconde étape: le référendum.

On a le temps d'y penser. Huit, neuf mois, comme je l'ai dit, c'est pas long mais c'est long assez. À Noël, c'est-à-dire juste avant les vacances de Noël, il y aura la question en Chambre; je ne pense pas que ça empêchera les parties du temps des Fêtes, mais que cette période de repos serve un peu à la discuter, la question. À commencer jusqu'à un certain point le débat, chacun chez nous, chacun pour soi. Et puis ensuite, à la reprise des travaux au Parlement, il y aura le débat prévu par la loi sur cette question, ce qui devrait permettre, avec la confusion habituelle des débats parlementaires, de faire quand même un certain éclairage. Et puis on aboutira comme ça, à travers des étapes qui ont leur côté technique mais qui ne sont pas plus compliquées que celles d'une élection, au jour de vote au printemps.

Le printemps, je l'ai dit, ça commence le 21 mars; mais une chose certaine, c'est que ça ne sera pas au début, au tout début du printemps, dans les dernières tempêtes de neige, avec les chemins qui ne sont pas dégelés, mais ce sera quelque part dans le printemps assez avancé pour que ça corresponde un peu avec un climat de renouveau.

Et la clé du référendum, ce sera ce qu'on défend depuis tant d'années et qui nous paraît être la seule solution pour l'avenir prévisible, au problème dans lequel sont «poignés» ensemble le Québec et le reste du Canada, c'est-à-dire de laisser en commun les choses que la plupart des voisins civilisés du monde apprennent tant bien que mal à mettre en commun; nous, celles qui sont déjà là et qu'on doit laisser comme ça. C'est l'exemple du monde d'aujourd'hui, de les laisser en commun dans une association. C'est pour ça qu'on parle de prendre en main, chez nous, tout l'essentiel des affaires concernant notre développement, notre personnalité, notre façon de voir les choses, parce qu'à ce point de vue, le régime actuel, c'est purement et simplement stérile. Tout le monde l'admet, qu'il faut un changement, mais c'est un peu comme la chanson: «Tout le monde veut aller au ciel mais personne ne veut mourir», parce qu'on essaie de nous rendre peureux continuellement quand il s'agit de dépasser le rapiéçage. Or, on a dépassé les possibilités de solution sous la forme de rapiéçage. Il faut ne pas avoir de tête sur les épaules ou alors pas voir ce qui se passe, pour ne pas sentir à quel point, peu à peu, le régime fédéral tel qu'il est actuellement pourrit littéralement et crée des problèmes, crée sans arrêt des distorsions puis des tensions, accélère continuellement le gaspillage d'énergie et de temps qui coûte cher à tout le monde mais qui coûte particulièrement cher en termes d'avenir...

C'est pas un plaidoyer contre le fédéralisme qu'on doit faire, d'ailleurs. Le fédéralisme c'est comme n'importe quoi, ce n'est pas un absolu. On était une colonie, ça nous a permis de commencer. On a été une colonie conquise, on a parlé de survivance. On a eu peu à peu le droit d'élire des députés sous un régime qui s'appelait l'Acte constitutionnel si j'ai bonne mémoire, et puis, à un moment donné, ils nous ont fourrés avec l'Ontario dans l'Acte d'Union. Puis là, on était en train de s'empoisonner mutuellement. Alors ça a sauté, on a senti qu'il fallait que ça saute. On a donc remplacé ça par un système fédéral. Il n'y a pas d'absolu. C'a été une étape après les autres. La vie est faite d'étapes. Et si ces dernières mènent à une croissance additionnelle et, en même temps, aident à corriger les défauts reconnus ou alors la désuétude dans laquelle est tombé ce qui a précédé, à ce moment-là la vie est saine et elle s'appelle développement. On est rendu au point où le fédéralisme, qui n'est ni bon ni mauvais en soi, qui est une formule parmi d'autres de gouvernement, il est dépassé. Tout le monde le dit et tout le monde est d'accord, en théorie au moins, que le fédéralisme est dépassé tel qu'il est actuellement. Après cent douze ans, il a fait son temps. Tout le monde est pour une nouvelle entente. Même M. Trudeau disait: «Il faut reprendre ça de fond en comble». M. Clark refuse de se prononcer actuellement parce que, écoutez, sa majorité est dans l'Ouest, puis dans l'Ontario. S'il se prononçait sur quoi que ce soit, il verrait fondre sa majorité au soleil... Alors il est coincé. Mais tout le monde admet fondamentalement que le régime a fait son temps.

Seulement, quelle sorte de nouvelle entente? C'est la première question qu'il faut se poser à moins qu'on veuille finir par devenir presque une population méprisable. Quelle sorte de nouvelle entente? Il faut que je dise méprisable parce qu'il y a beaucoup de possibilités de mépris dans le contexte où nous sommes. Qui a créé cette crise du fédéralisme? C'est pas l'Ile-du-Prince-Edouard, c'est pas la Colombie-Britannique, c'est pas le territoire du Yukon. C'est sûrement pas l'Ontario, car ce sont eux qui ont été les profiteurs du régime — ils ne sont pas pressés que ça change, — c'est nous autres, les Québécois.

Écoutez, quand j'étais jeune journaliste, je suis parti pour «l'autre côté» pendant la guerre. Duplessis venait d'être élu pour la première fois en 1936 et il parlait déjà d'autonomie. C'était la forme que prenait à cette époque-là la revendication du Québec. Lorsque je suis revenu après la guerre en 1945, Duplessis aussi était revenu, puis il avait repris son refrain normal et, à ce moment-là, ça s'appelait: «Rendez-moi mon butin».

C'était des gens qu'on avait élus qui disaient ça. Donc ils reflétaient quelque chose; et quand ils ne le disaient pas assez, on les sacrait dehors ou alors on les considérait comme des démissionnaires. Ensuite, après les longues années de M. Duplessis qui n'avait pas lâché (il avait tous les défauts qu'on voudra mais il n'a jamais lâché là-dessus), il y a eu Sauvé, mais il n'a pas duré longtemps. Et ensuite, essentiellement, il y a eu Lesage et six ans de gouvernement libéral, dont le slogan central et toute la pression maintenue la plupart du temps étaient dans le sens du «Maître chez nous». Puis on a élu, je ne pense pas qu'il se soit imposé de force, Daniel Johnson qui n'a pas duré longtemps, mais assez longtemps pour réclamer le retour des impôts et parler d'Égalité ou d'Indépendance. Ensuite, je passe à travers rapidement, il y a eu les six ans de M. Bourassa où ç'a flanché à bien des points de vue mais quand même, en déguisant sous des mots creux la pression qui existait dans notre société, en essayant de l'atténuer par des slogans, on a parlé de souveraineté culturelle. Bourassa avait ainsi adopté le mot «souveraineté» avec un adjectif rassurant. Tout ça c'était la pression d'une société qui demande un changement mais qui n'est pas encore capable de se brancher sur le genre de changement qu'elle veut. Ce qui fait qu'il s'est développé dans tout le reste du Canada une expression qui finit par être méprisante si on ne fait pas attention: «What does Quebec want?» Du rapiéçage? Ou bien quelque chose de nouveau? Or, fondamentalement, le consensus est fait là-dessus, au moins en théorie: il faut quelque chose de nouveau; il faut une nouvelle entente, qui doit correspondre à la réalité qu'on est devenue des deux côtés.

Ce qu'on propose, nous, c'est de rejoindre une formule qui nous paraît correspondre à la dignité nécessaire à deux peuples. On a traduit ça dans un slogan, jusqu'à nouvel ordre, que vous connaissez bien: «d'Égal à Égal». Il y a deux peuples. Ils sont tous les deux maintenant des sociétés modernes, capables de faire leur «job», capables de coopérer aussi, mais à une condition: c'est que s'il s'agit de deux peuples, fondamentalement, il s'agit de deux sociétés égales. Il ne peut plus y avoir cette espèce de rapport malsain, tordu, entre une minorité manipulée avec ses complexes d'infériorité dont il faut qu'elle se débarrasse, et une majorité manipulante, avec ses complexes de supériorité qui nous écoeurent. Il faut que ce soit «d'Égal à Égal»!

L'égalité, il y a des gens qui ne comprennent pas ça ou qui font semblant de ne pas comprendre. J'ai vu, par exemple, une dame respectable qui s'appelle Solange Chaput-Rolland qui, pour essayer de rationaliser sa décision de devenir candidate libérale, a décidé qu'une des raisons, et ça lui paraissait fondamental tout à coup, était que la notion d'égalité que véhicule le Parti québécois ne sera jamais acceptable. C'est pourtant la même personne qui, pendant des années et des années, s'est faite une espèce de personnalité d'interprète de la réalité canadienne et qui a participé à un rapport sur l'état du Canada qui s'appelle le «Rapport Pépin-Robarts», dont l'un des fondements est la notion de dualisme et justement cette notion d'égalité entre deux sociétés. C'est curieux comme la politique fait évoluer rapidement des gens, parfois.

Or, en fait, qu'est-ce qu'il y a qui puisse déranger les gens dans l'égalité entre deux peuples? Même s'ils ne sont pas de la même taille. Est-ce que le Canada actuel avec vingt-trois millions d'habitants, au point de vue juridique, au point de vue de la personnalité politique, n'est pas l'égal de deux cent vingt-cinq millions d'Américains? Je vous jure que si vous posez la question à des politiciens fédéraux ou même à Trudeau avec son nationalisme «Canadian», ils répondront «oui». C'est sûr. On n'a pas à se faire marcher sur les pieds; on est un pays souverain au Canada. Pourtant, on est dix fois moins nombreux que les Américains, ce qui veut dire qu'ils sont «plus égaux» que nous autres à bien des points de vue, mais il reste que fondamentalement l'égalité existe. Et elle est la source de droits absolument équivalents. Alors, il y a trois fois plus de Canadiens anglais au Canada actuel? Et cela empêcherait qu'il y ait l'égalité et que cette égalité soit le fondement d'une nouvelle entente? Vous savez, être incapable de concevoir ça puis d'y croire, quand on en a plein d'exemples sous les yeux à travers le monde, c'est vraiment céder aux vieux complexes d'infériorité dont il faut justement se guérir.

La première des associations dans le genre de celle dont on parle, dans le monde d'aujourd'hui, elle est apparue sur la carte en 1960 officiellement et elle s'appelle le Benelux. Benelux, c'est la Belgique, le Nederland c'est-à-dire les Pays-Bas, et puis le Luxembourg. Vous savez, au Luxembourg, il y a à peine un demi-million d'habitants bien comptés. Mais le Grand duché du Luxembourg est un partenaire égal au point de vue de tous les droits fondamentaux, puis au point de vue de sa capacité d'administrer sa maison lui-même dans cet ensemble-là. L'égal de la Belgique et des Pays-Bas qui ont à peu près vingt, vingt-cinq fois sa population, et ça n'a jamais créé de grands problèmes. La dignité personnelle de chacun dans ce domaine-là, c'est aussi fondamental que le fait qu'un gros homme n'a pas plus de droits que le petit homme qu'il pourrait écraser. Ce sont des personnes qui ont les mêmes droits.

C'est la même chose pour une personnalité collective. Et si on prétend qu'il va y avoir une nouvelle entente, ici, au nord des États-Unis dans le contexte de la crise où s'enfonce de plus en plus le système fédéral canadien, si on prétend qu'il va y avoir une nouvelle entente qui ne soit pas basée d'abord et avant tout sur cette égalité de deux personnalités qui ont des traditions différentes mais qui peuvent également garder des choses en commun comme tous les voisins dans le monde d'aujourd'hui, si on prétend qu'une entente peut se faire autrement, par conséquent, que sur une base qui va correspondre à ce qu'on appelle «souveraineté-association», on se moque du monde, il n'y en aura pas d'entente et il n'y aura pas de solution au problème canadien.

Mais on est au point où on peut l'avoir. À une condition, une seule, et c'est ça le référendum. C'est que jamais on n'aura une entente de ce genre-là, jamais on n'aura un *new deal* comme ils ont dit déjà aux États-

Unis, s'il n'y pas d'abord l'expression claire d'un désir, plus qu'un désir, d'une volonté pour l'avenir, de la part de cette population moderne, adulte, qu'on est devenue et qui doit le prouver.

Or, il y a quelque chose d'extraordinairement fossoyeur de cet avenir dans l'attitude que développe actuellement le Parti libéral provincial et tout ce qui grenouille et qui gravite autour. Et je vais prendre, si vous voulez, le point de départ d'une autre analyse de Mme Solange Chaput-Rolland. Elle n'aime pas, comme bien d'autres, qu'on lui cite ce qu'elle a déjà dit ou écrit mais quand même les écrits ça reste, et si ça se contredit trop souvent, c'est jusqu'à un certain point un jugement sur leurs auteurs. C'a été publié dans *Relations* du mois de juin 1979. Ce n'est pas un texte ancien.

Membre de la Commission Pépin-Robarts qui avait fait un rapport sur l'avenir, elle disait avec un grand soupir: *Tout au long de cette campagne fédérale, le silence le plus complet a régné sur le rapport de notre Commission. Est-il définitivement oublié? Je le crains.* Mais, quand même, elle entretenait l'espoir que, autour et surtout au lendemain du référendum, ce qu'ils avaient fait comme commission reviendrait en surface. Et là, elle écrivait ceci que je cite textuellement: *Si malgré la force que nous représentions dans cette grande commission, si en dépit d'une consultation pan-canadienne avec les grands experts, les constitutionnalistes, les fédéralistes des dix provinces, nous avons échoué à changer le grand ordre fédéral, pourquoi imaginer que Claude Ryan, libéral partisan et Chef de l'Opposition d'une seule province et qui, de plus, est la province la plus discutée et la plus détestée du pays, pourra réussir à imposer ses propositions au gouvernement canadien.*

Pourquoi réussirait-il là où nous avons échoué? La question est troublante.

C'est un phénomène bien connu que celui des sincérités successives. Mais des successions aussi rapides et aussi totalement contradictoires, j'en ai rarement vues, je dois l'avouer. Mais, comme elle disait en terminant: «la question est troublante». En effet c'est troublant et ça se résume bien de la façon suivante: vous avez un chef libéral provincial qui va essayer, je pense de façon honnête, de trouver avec des fédéralistes incapables de s'entendre sur quelque changement substantiel que ce soit, le plus bas commun dénominateur pour l'avenir. Autrement dit, quelque chose qui soit incolore, inodore et sans saveur, de façon qu'il ne soit pas trop obligé de se faire examiner là-dessus. Et ils vont s'en aller au référendum avec essentiellement une attitude négative qui va être statique, la continuité passive et paralysée. Vous avez des affiches qui représentent très bien ça: «J'y suis, j'y reste», jusqu'à faire des plaies de fauteuil, s'il le faut!

Non seulement ça, mais on va s'arranger, en même temps, pour convaincre les Québécois qu'ils sont trop petits, qu'ils sont trop faibles, qu'ils ne sont pas prêts et, charitablement, le chef libéral provincial concédera: «On pourra nous-mêmes penser peut-être à un référendum dans trois, cinq ou dix ans», parce que les Québécois ne seraient pas mûrs avant ça. Je n'ai pas besoin de vous dire que trois, cinq ou dix ans et la semaine des quatre jeudis, ça se ressemble dangereusement.

Et après, à supposer qu'il réussirait à aplatir dans le statu quo, dans l'attitude négative qui bouche l'avenir une majorité des Québécois, après, le même personnage dit: «Moi, j'irai négocier les changements substantiels qui sont nécessaires.» C'est là que c'est troublant, parce qu'on se serait arraché toutes les armes de négociation pour débloquer une situation qui n'a pas débloqué depuis le temps où Honoré Mercier déjà la voyait, qui n'a pas débloqué sous Duplessis qui était pourtant un autonomiste féroce, qui n'a jamais débloqué sous Lesage qui a eu sa force pendant des années, ni sous Johnson qui avait des convictions, ni sous Bourassa qui avait cent deux députés. Qu'est-ce qu'il va y avoir de nouveau, sauf le défaitisme et la démission d'une attitude négative? Une personne qui dit: «Moi, je le ferai!»

Je voudrais bien le croire et puis, au cas où il réussirait, je ferais un effort pour me placer par anticipation dans ce contexte triomphant où l'on gagnerait, après qu'il nous aurait fait démissionner. Je ne suis pas capable de me convaincre, et je demande à tous de faire attention au danger que représente cette attitude-là, et puis de travailler comme ils n'ont jamais travaillé.

Pour la première fois, on a la chance de prendre une décision sur nos affaires; ce n'est jamais arrivé. Ça représente la continuité dans le changement qui est la règle de la vie; si la vie existe, elle est nécessairement faite de changements et à condition que les changements nous mènent par en avant, ça s'appelle la croissance au sens le plus noble et le plus réel du mot. On est à cette étape où il faut décider quelle sorte d'horizon on veut donner à nos enfants. Pour les jeunes générations qui sont déjà actives, quelle sorte de chantier on veut leur permettre d'ouvrir? Est-ce qu'on veut que ce soit des chantiers manipulés de l'extérieur ou bien nos chantiers à nous? Est-ce qu'on veut des lois qui soient en porte-à-faux, qui se marchent sur les pieds entre deux niveaux de gouvernement, dont l'un qu'on ne contrôlera jamais?

Essentiellement, on existe de moins en moins, on est de plus en plus minoritaire dans ce contexte fédéral. Est-ce que c'est ça qu'on veut pour l'avenir? Ou bien si on veut affirmer tout simplement la majorité qu'on est chez nous, dans un monde où les petites comme les moyennes, comme les grandes majorités ont place au soleil, à condition qu'elles représentent une histoire continue, des racines, un territoire qu'on peut reconnaître et qui leur appartient? Et on a tout ça. En plus, on a des dons, des compétences qui se développent. On a une base de ressources humaines et physiques qui nous placerait au quatorzième rang des cent cinquante peuples qui administrent leurs affaires dans le monde. Et on hésiterait? On est tellement prêt à vivre cette étape-là, je l'ai dit souvent, — c'est une image qui fait peur en même temps que ça donne le goût d'y arriver. «On est tellement mûr» pour une décision comme ça dans un monde où à peu près tous ceux qui avaient à la prendre l'ont prise, que si on ne la prend pas nous aussi avant longtemps, on va monter en graine!

Et ça, c'est très mauvais pour la santé...

18
Appel au peuple du Québec

Extrait de la nouvelle entente Québec-Canada, Gouvernement du Québec, 1980. Reproduction autorisée par l'Éditeur officiel du Québec.

Le moment est venu de conclure.

Depuis des générations, nous avons maintenu contre vents et marées cette identité qui nous rend différents en Amérique du Nord. Nous l'avons fait au lendemain de la défaite, puis à l'Assemblée du Bas-Canada; nous l'avons fait en dépit de l'écrasement de 1837 et sous l'Acte d'Union, qui visaient l'un et l'autre à nous réduire à l'insignifiance; et puis encore dans un régime fédéral qui, lui aussi, nous enfonce de plus en plus dans un statut de minorité.

Or, tout le long du chemin, les autres ne nous ont pris au sérieux qu'aux moments où nous avons su nous tenir debout et tenir notre bout. Que diraient-ils et penseraient-ils de nous s'il fallait que nous reculions cette fois-ci? Depuis quarante ans au moins, c'est de nous surtout qu'est venue la crise du régime fédéral. Duplessis, Lesage, Johnson, Bertrand et Bourassa, que nous avions élus, n'ont fait que l'accentuer. Même lorsqu'ils ralentissaient le pas ou qu'ils faiblissaient, les pressions de la société québécoise les empêchaient de lâcher. Car le Québec continuait à évoluer et à se découvrir sans cesse plus capable de se prendre en main.

Mais s'il fallait qu'après tant d'années de pression croissante, notre montagne n'accouchât que d'une souris, aucune prétention nationale du Québec ne serait de longtemps prise au sérieux. Ce ne serait pas la fin du monde? Bien sûr. Juste l'arrêt brutal de la plus saine des montées, celle qui conduit un peuple, aussi naturellement qu'un individu, jusqu'à sa maturité. Nous n'aurions plus qu'à rentrer dans le rang et, pour un bon bout de temps, dans l'oubli qu'on nous accorderait charitablement partout ailleurs où l'on a suivi de près notre cheminement.

Fédéraliste à la fois déçu et inquiet, Robert Cliche nous conseillait d'y prendre garde, dans sa dernière opinion publiée sur le sujet: *À mon avis, écrivait-il, l'un des plus graves dangers maintenant serait un NON au référendum. Le Canada anglais croira alors la crise écartée et retournera à sa léthargie.*

D'aucuns inviteraient les Québécois, comme peuple, lors du prochain référendum, à perdre la face. Ils travaillent pour une défaite! Leur mot d'ordre consiste à nous recommander de faire, avant toute chose, avant toute négociation éventuelle avec le Canada anglais, une démonstration de faiblesse politique, un étalage d'indécision... Exactement comme le souhaitent ceux avec lesquels le Québec aura à négocier demain.

N'est-ce pas étrange? Souhaiter que nous-mêmes, Québécois, dans la partie serrée qui dure depuis deux siècles, soyons le moins possible en position de force démocratique! Préparer d'abord notre affaiblissement pour ensuite se rendre à la table de négociation!

Ils ont beau dire le contraire, ceux qui prêchent le NON au référendum nous ligoteraient littéralement dans le statu quo, nous enlevant toute chance prévisible d'en sortir ou même de l'améliorer substantiellement. Une chance que n'ont jamais eue vraiment ceux qui en parlaient dans le passé, même s'ils gardaient toujours en réserve — sans la mentionner — cette arme suprême qu'est le recours au peuple. Qui donc écouterait à l'avenir ceux qui auraient transformé ce recours en démission?

La pensée politique qui prétendrait s'imposer de ce côté-là, si bien noyée soit-elle dans le flou et l'ambiguïté, ne peut cependant éviter tout à fait de se trahir. Le fond de cette pensée, c'est que le Québec serait trop petit et trop faible pour rien entreprendre par lui-même. Et que, de toute façon, ce serait prématuré. Dans trois, cinq ou dix ans, peut-être serait-on à point pour se prononcer — alors qu'il y a quelques mois encore on houspillait le gouvernement, qui retardait le référendum jusqu'au printemps prochain!

Nous devons croire au contraire que nous avons la maturité, la taille et la force requises pour assumer notre destin. Parce que c'est cela qui est vrai.

La nation québécoise, c'est une famille qui aura bientôt quatre cents ans. Bien avant cet âge, dans les deux Amériques, Anglo-Saxons, Espagnols et Portugais ont acquis leur souveraineté. L'histoire a freiné pendant longtemps notre propre émancipation. Mais elle n'a pas empêché pour autant la société québécoise de mûrir et d'accéder laborieusement à la capacité de progresser, de s'administrer et de se gouverner elle-même.

Au long des ans, nous avons accumulé peu à peu toute l'expérience essentielle. À commencer par l'expérience parlementaire que nous vivons depuis bientôt deux siècles, ce qui nous a rompus à cet exercice central de la démocratie avant bien d'autres peuples. Certes, notre Assemblée nationale n'est pas parfaite et elle fonctionne souvent au ralenti: comme tous les parlements démocratiques. Aussi compétente qu'aucune autre, notre administration risque cependant d'oublier parfois, dans la paperasse, qu'elle est au service du citoyen: comme toutes les administrations du monde. Nos tribunaux, eux aussi, ont les qualités et les défauts de leurs pareils. Bref, nous ne sommes ni plus ni moins prêts que quiconque à conduire nous-mêmes nos affaires politiques. Et s'il fallait là-dessus passer un examen, nous ne serions pas parmi les derniers, loin de là.

Cette maturité politique, l'ensemble des législations progressistes et souvent pilotes, et même la multiplication des livres verts ou blancs de nos gouvernements, sont là pour en témoigner sur tous les plans: éducation, santé, services sociaux, fiscalité, agriculture, communications, langue, culture, condition féminine, énergie, aménagement, recherche scientifique, économie, etc. Rien d'humain ne nous est plus étranger comme collectivité.

Quant à la capacité québécoise de réussir dans tous les autres domaines, est-il même concevable qu'on puisse en douter? Par un héroïque effort de rattrapage, nous sommes passés en vingt ans d'un des plus bas à l'un des plus hauts taux de scolarisation du continent. Il reste bien des trous à combler, il en restera toujours, mais une telle performance est déjà sans égale. Comme l'est également celle des artistes et des écrivains qui, en une génération, nous ont dotés d'une modeste mais indéniable renaissance.

Ce qu'on remarque moins, cependant, c'est qu'un phénomène analogue s'est produit également et ne cesse de s'amplifier dans le secteur économique. Car, pendant ces mêmes vingt ans, Hydro-Québec est aussi devenue l'un des plus grandes et des meilleures entreprises d'énergie de l'univers. On nous avait pourtant raconté que c'était impossible. Comme on tâche encore aujourd'hui de nous faire accroire que, pour l'amiante, notre unique vocation serait de creuser des trous... Comme on a tout fait pour nous priver d'un régime d'assurance automobile qui s'est placé d'emblée à l'avant-garde du continent.

On moquait naguère Desjardins et les pionniers du mouvement coopératif; cela ne les a pas empêchés d'atteindre la taille que nous savons. Comme on moquait plus récemment ces Caisses d'entraide dont l'audace aussi bien que la croissance sont désormais proverbiales. Ainsi, toujours, les éteignoirs s'efforceront-ils de boucher la vue à ceux qui ont le goût d'avancer. Et ainsi, par bonheur, continueront-ils à manquer leur coup.

Ceux qui refusaient de voir ce que les Beaucerons avaient dans le ventre. Ceux qui font les autruches devant le dynamisme du Saguenay-Lac Saint-Jean. Ceux qui trouvent l'Abitibi-Témiscamingue trop loin pour qu'on s'intéresse à l'explosion de vitalité qui balaie la région. Et qui ne regardent que par le petit bout de la lorgnette ce coeur trépidant qu'est la vieille et toute jeune vallée du Saint-Laurent.

Ceux qui vont encore racontant, par exemple, que le Québec est trop petit et que ses ressources ne lui permettraient pas de tenir le coup dans le concert des nations. Trop petite, cette contrée qui a la taille physique des plus grandes? Trop petit, ce peuple de six millions de gens dont les équivalents s'appellent Norvégiens, Suédois, Suisses, Danois, Néo-Zélandais? Dépourvu, ce réservoir incomparable de forêts, de minéraux, de richesses hydrauliques et même, à condition qu'on en prenne bien soin, de potentiel agro-alimentaire?

Que faut-il de plus à un peuple pour réussir sa carrière?

Très simplement, il lui faut le droit de mener cette carrière en toute liberté, à sa façon, débarrassé des entraves d'un régime politique dont tout le monde s'accorde à dire qu'il est désuet.

Nous, Québécois et Québécoises, sommes une nation, la plus profondément enracinée du continent. Sur l'immensité de notre territoire, partout nos souvenirs anciens comme notre présence vivante nous rappellent que ce peuple est ici chez lui, dans son foyer ancestral.

Eh bien, il est d'une importance vitale que ce foyer désormais lui appartienne complètement. L'heure est venue d'être maîtres chez nous. La dépendance minoritaire, qui n'a jamais été saine pour personne, pouvait s'admettre à la rigueur tant que nous n'avions ni les moyens ni même l'idée d'en sortir. Elle nous aura quand même coûté bien des retards. Elle nous aura laissés aussi avec un solide complexe d'infériorité — lequel constitue d'ailleurs le seul vrai motif de nos hésitations. Voici l'occasion de nous en débarrasser enfin. Nous n'avons pas le droit de la laisser passer.

Car notre poids diminue progressivement, et l'on peut maintenant se passer du Québec à Ottawa. Ce qui signifie que les entraves courantes à notre épanouissement ne pourraient qu'aller en s'aggravant.

• Celles qui limitent les chances d'avancement à tel barreau de l'échelle, et nous ont fait chez nous, à nous la majorité québécoise, l'un des plus bas de tous les revenus moyens de la société.

• Celles qui nous obligent à des années de réclamations et des procédures pour aboutir enfin, pratiquement exténués, à des choses qui vont de soi dans tout pays normal: comme le droit de parler français entre nous, dans notre ciel.

• Celles qui gardent en dehors de chez nous le dernier mot sur des questions aussi centrales, existentielles même, que l'immigration, la justice, la politique familiale et sociale.

• Celles qui rendent si onéreuse la mise au point de toute politique québécoise d'importance: logement, pâtes et papiers, agriculture, pêcheries...

• Celles qui éternisent jusqu'à l'odieux, comme dans l'affaire de la taxe de vente, cette raison du plus fort qui permet en fin de compte de voler littéralement des dizaines de millions au Trésor québécois (et bien davantage encore, depuis combien d'années, pour les services policiers).

• Celles qui maintiennent mordicus hors de chez nous la régie de nos ondes, c'est-à-dire du plus puissant instrument de diffusion de notre temps.

• Celles qui nous forcent à quêter la permission dès qu'il s'agit de nous manifester à l'étranger, quitte à la voir parfois refusée arbitrairement et, dans les autres cas, soumise à une tutelle méfiante.

Tout cela accompagné de doubles emplois, de chevauchements de programmes et de mesures en porte-à-faux qui coûtent terriblement cher en gaspillage d'énergie et en perte d'efficacité autant, sinon plus, qu'en argent.

Sans compter que jamais, depuis le début, le Québec n'a échappé au sort classique des minorités: ce sort qui, d'une époque à l'autre, nous aura privés de notre juste part des chemins de fer, puis de l'activité maritime, et maintenant des liaisons aériennes. La seule période pendant laquelle Ottawa nous a soutiré un peu moins qu'il n'a fourni en retour — les quelques brèves années depuis la crise pétrolière de 1974 — touche déjà à sa fin. Bientôt, quelle qu'en soit l'origine, nous paierons le pétrole au même prix que tous les autres. Et le fédéral continuerait, comme toujours, à orienter vers l'ouest de l'Outaouais le gros des dépenses génératrices de progrès économique, selon un ordre de priorité contraire au nôtre.

La nouvelle entente que nous proposons, c'est d'abord la fin de toutes ces entraves. La fin de ces rôles étriqués pour tant de personnes et pour tout notre peuple. La fin des manipulations et de l'exploitation importées. La fin de l'insécurité minoritaire. La fin des permissions qu'on doit quémander pour agir ou même pour communiquer.

Comme cent cinquante autres peuples du monde, nous pourrons, nous aussi, être en pleine possession de notre patrie. Une patrie dont la reconnaissance éventuelle n'appauvrira personne, puisque c'est nous qui l'avons défrichée, apprivoisée, développée, et que c'est encore nous qui l'habitons. Une patrie où nous pourrons vivre en majoritaires, avec l'incomparable sentiment de sécurité, de normalité, qui en découle.

Nous y ferons nos lois, selon nos lumières, en fonction de nos besoins et de nos aspirations, sans avoir à nous inquiéter constamment des contraintes ni des interventions extérieures. Nous y dépenserons chez nous et pour nous les impôts et tous les autres revenus qui sont perçus pour la collectivité, et nous pourrons les faire servir à notre croissance.

Nous y accueillerons en toute liberté ceux et celles qui, de partout dans le monde, accepteront de venir ici pour édifier avec nous, conformément à nos plans et à notre façon de voir et de dire les choses, une société sans cesse plus productive, plus juste et plus humaine. Une société plus ouverte et plus tolérante que jamais, assurée qu'elle sera de sa plénitude et de sa pérennité.

Dans cette société, il n'y aura plus de blocages imposés du dehors. Nous pourrons déployer à leur limite les dons, les énergies, le sens de l'invention et le goût de l'ouvrage bien fait dont nous sommes aussi richement pourvus que quiconque.

D'ailleurs, nos progrès les plus marquants jusqu'à présent ne se sont-ils pas produits dans des secteurs où nous étions laissés à nous-mêmes, sans avoir de consentement à demander? Alors que les secteurs où nous traînons encore de l'arrière, à fort peu d'exceptions près, sont ceux où le système fédéral est venu inhiber ou compliquer notre démarche. La souveraineté, ce sera la libération de l'initiative québécoise, sur tous les chantiers du présent et de l'avenir.

Et par-dessus tout, ce sera la responsabilité, ce synonyme suprême de liberté. Voilà ce qui fait peur à ceux qui reculent devant l'idée d'avoir un pays bien à eux. C'est comme s'ils avaient peur d'être en santé! Car la responsabilité, il n'est rien de tel pour donner aux peuples comme aux hommes un supplément de vigueur et de fierté, pour les grandir à leurs propres yeux comme à ceux d'autrui.

Cette souveraineté, nous la plaçons dans le cadre d'une nouvelle association avec le Canada, nous insérant ainsi dans l'évolution de plus en plus universelle du monde moderne. Un monde tout grouillant de membres à part entière du club des États souverains, mais où les frontières tendent constamment à s'abaisser, et à se combler peu à peu les fossés les plus profonds qu'avait creusés l'histoire. Il ne s'agit pas d'une utopie, mais de cette interdépendance que tous les peuples doivent désormais admettre et aménager entre eux.

À la seule condition que ce soit entre peuples fondamentalement égaux, quelle que soit par ailleurs la taille ou la puissance de chacun. Dans le Bénélux, premier modèle contemporain d'association, c'est d'égal à égal que se traitent les questions essentielles entre le minuscule Luxembourg, avec moins d'un demimillion d'habitants, et la Belgique ou les Pays-Bas, qui sont vingt-cinq ou trente fois plus populeux. Et si l'on n'avait pas maintenu ce principe central de l'égalité entre les peuples, l'expérience du Bénélux n'aurait jamais conduit à la vaste Communauté économique où se retrouvent aujourd'hui neuf pays tout aussi disparates. Et le Conseil nordique des pays scandinaves n'aurait jamais vu le jour.

C'est d'égal à égal, donc, que nous voulons proposer à nos partenaires du reste du Canada une nouvelle entente. Une entente basée sur cette formule de libre association entre États souverains, qui tend à remplacer de plus en plus le vieux moule fédéral où jamais les groupes nationaux minoritaires n'ont pu connaître la vraie sécurité ni le plein épanouissement.

Cette association nous permettra de garder ensemble tout ce qui nous est mutuellement avantageux. Un espace économique dont la dislocation serait aussi coûteuse pour les uns que pour les autres. Des marchés en commun et une politique monétaire conjointe. La libre circulation des personnes et des biens. Et toute une gamme additionnelle, qu'on pourra élargir progressivement, d'entreprises et de services que rien n'interdit de partager: les postes? les chemins de fer? les liaisons aériennes internationales? la réciprocité pour les minorités? Tout ce qui n'affecte pas la liberté fondamentale, pour chacun, de faire ses propres lois, de disposer à sa guise de ses ressources, de demeurer le seul maître dans sa maison.

Ainsi le Québec souverain, au lieu d'être une barrière, constituera-t-il plutôt une charnière entre l'Ontario et les Maritimes, permettant au régime fédéral de continuer et, lui aussi, d'évoluer librement dans le reste du Canada.

Évidemment, tout cela ne se réalisera pas du jour au lendemain. Il va falloir négocier. Encore. Cette fois, cependant, ce ne seront plus les palabres stériles où nos revendications se sont sans cesse brisé les dents sur le mur d'un système qui, depuis cent douze ans, s'est refusé à toute évolution majeure et se refuse encore à la moindre réforme d'importance.

Il y aura enfin, sur la table, ce déclencheur essentiel du déblocage: une volonté collective, claire et catégorique.

L'heure va bientôt sonner pour le peuple québécois d'exprimer cette volonté démocratique et, par là même, de donner à son gouvernement le mandat d'ouvrir l'étape décisive, entre toutes, de notre histoire.

Le choix devrait être facile, en effet, aussi bien pour le coeur que pour la raison. Il suffira de penser un peu à la longue fidélité du passé et à toute la vigueur du présent, et puis de songer aussi à ceux et celles qui nous suivront et dont l'avenir dépend si grandement de ce moment-là.

Et alors, nous choisirons d'emblée, à ce grand carrefour du référendum, la seule voie qui puisse dégager l'horizon et nous assurer une existence nationale, libre, fière et adulte. La voie que nous ouvrira, Québécois et Québécoises d'aujourd'hui et de demain, ce petit mot sonore et positif: Oui.

19
Une question claire, mais pas de chèque en blanc

Déclaration du Premier ministre à l'Assemblée nationale du Québec au sujet de la question référendaire, le 20 décembre 1979.

Depuis sa naissance, il y a plus de trois cent soixante-dix ans, le peuple québécois n'a jamais eu l'occasion de se prononcer démocratiquement sur son avenir.

C'est donc avec une fierté qui m'apparaît légitime, qu'au nom du Gouvernement, je soumets aujourd'hui à nos compatriotes le projet d'une question qui leur permettra, le printemps prochain, de franchir une étape décisive. Une étape qui a la logique et la noblesse de toute accession à la maturité nationale, accompagnées du réalisme et du sens de l'autre qu'exige également le contexte où l'histoire nous a placés.

En bref, ce que le Gouvernement propose aux Québécois et aux Québécoises, c'est de devenir pleinement responsables de leur collectivité au moyen d'une nouvelle entente, fondée sur l'égalité fondamentale de chacun des partenaires, en vue d'atteindre le double objectif suivant: donner au Québec le pouvoir exclusif de faire ses lois et d'employer ses impôts ainsi que le droit de participer à la communauté des nations; et, en même temps, maintenir avec le Canada les liens étroits et mutuellement avantageux d'une association économique et d'une union monétaire.

Dès le début d'une action politique qui rassemblait quelques centaines de personnes, il y a douze ans, ces lignes de force nous semblaient déjà clairement commandées par l'évolution de plus en plus divergente de la société québécoise et du régime constitutionnel dans lequel elle a vécu depuis au-delà d'un siècle maintenant. Le Québec tendait en effet, au rythme accéléré qui fut celui de la «révolution tranquille», à assumer ou du moins à réclamer l'augmentation de ses pouvoirs, afin de devenir progressivement maître chez lui; le régime fédéral, de son côté, réagissait à cette pression montante en durcissant sa résistance au changement, et même en accentuant ce penchant insatiable de toutes les institutions politiques pour l'accroissement de leur emprise.

Or, depuis ce temps-là, tous les propos et toutes les propositions qui se sont succédé, dans le but réel ou apparent de résoudre cette contradiction, n'ont fait que l'empirer. Le dernier en date de ces mirages, qui proclamait que le «temps d'agir» était arrivé, s'est dissipé à son tour dans les bourrasques de la campagne fédérale de mai dernier.

Ainsi, l'unanimité est-elle en train de se faire, à tout le moins sur le caractère inacceptable d'un statu quo qui entrave sans cesse davantage les exigences du développement et de la sécurité même du Québec:

qu'on pense à l'impossibilité où nous sommes, et que le tribunal suprême vient de reconfirmer, de nous doter d'un milieu aussi français que l'Ontario est anglais;

qu'on pense aux embûches qu'une compagnie contrôlée du dehors peut multiplier contre l'exercice de nos pouvoirs indiscutables sur l'exploitation de nos richesses naturelles; ou encore, au danger toujours présent que nos champs traditionnels de taxation soient envahis, sous prétexte de crise, par un gouvernement central en mal d'argent pour couvrir ses déficits;

qu'on pense surtout à la baisse constante de notre poids relatif, et partant de nos moyens de pression, dans l'ensemble canadien: alors qu'au début le nombre nous permettait de compter sur plus d'un tiers des députés fédéraux, nous n'en aurions même plus le quart dans vingt ans!

C'est pourquoi il est devenu nécessaire, sans pour autant briser les liens économiques ni la promesse qu'ils renferment d'un *partnership* mieux équilibré, de récupérer la totalité de nos pouvoirs politiques avant qu'il ne soit trop tard. Non seulement le fédéralisme s'est-il refusé jusqu'à présent à toute réforme satisfaisante, mais il est désormais très clair, quant à nous, qu'il n'est tout simplement pas dans sa nature de s'y prêter.

Quels que soient les mobiles qui les animent vraiment — l'illusionnisme très conscient ou l'illusion sincère — ceux qui prétendent encore aujourd'hui «renouveler» ce régime exclusivement entre politiciens, en discutant d'avance avec d'éventuels vis-à-vis (que d'autres auront d'ailleurs le temps de remplacer!) l'acceptabilité de propositions que les citoyens reverraient ensuite noyées dans les promesses électorales — ceux-là nous prépareraient fatalement la même déception.

Mais s'il fallait que ce nouveau refrain de la vieille sirène, qui n'a jamais chanté au fond que la peur du changement, contribue à torpiller l'occasion historique qui se présente, la déception risquerait cette fois d'être dangereusement profonde et difficile à surmonter.

Et l'occasion pourrait bien ne pas repasser de sitôt. Car si nous sommes aujourd'hui des centaines de milliers à l'avoir préparée, avec une ténacité sans cesse renouvelée doublée d'une conviction que chacune des étapes n'a fait que tremper davantage, nulle part au monde un tel effort ne saurait être perpétuellement renouvelable.

D'autant plus qu'au point où nous sommes rendus, non seulement l'urgence de décider est-elle toujours plus évidente, mais l'objectif qui est proposé ainsi que la démarche pour y parvenir semblent plus étroitement que jamais accordés à nos chances les meilleures, sinon les seules, de bâtir nous-mêmes notre avenir au lieu de le subir.

Pour ce qui est de l'objectif auquel on a consacré tant de ferveur et un entrain qui a survécu à bien des épreuves, il est demeuré depuis le début essentiellement le même. Quoi de plus normal et justifiable, puisque ce remplacement du système fédéral par une formule communautaire va précisément dans le sens d'une évolution qui se généralise chez les nations modernes. Dans tous les coins du monde, en effet, l'on voit se multiplier les associations d'États souverains qui unissent leurs efforts sur le plan économique tout en gardant l'essentiel de leur autonomie politique. Les nouveaux fédéralismes se font de plus en plus rares alors que les regroupements d'États surgissent un peu partout.

Si notre projet, donc, est demeuré essentiellement fidèle à lui-même et de mieux en mieux confirmé par l'expérience des autres, en revanche notre démarche, elle, a dû murir et se préciser en cours de route.

Ce qui l'a surtout marquée, c'est la conscience que nous ne pouvions éviter de prendre de cette règle fondamentale entre toutes: quelles qu'en soient les étapes nécessaires, aucun changement politique d'importance ne peut s'accomplir démocratiquement s'il n'est pas souhaité, voulu et éventuellement déclenché puis réalisé non pas seulement avec — mais *par* une majorité de citoyens. Autrement dit, par la claire et ferme expression de la volonté du peuple.

Dès le début, nous le savions, bien sûr, mais nous avons mis quelque temps à le reconnaître en noir sur blanc. Cette reconnaissance, qui se traduisit en 1974 par une première esquisse de la consultation référendaire, nous en avions fait en 1976 un engagement précis et central du gouvernement que les électeurs nous ont permis de former.

Cet engagement, comme les autres que nous avons également tâché de ne pas négliger, nous allons le tenir le printemps qui vient. Après avoir rempli les conditions requises pour lui conférer toute la légitimité et tout le sérieux nécessaires.

Les conditions d'un débat national éclairé étant maintenant réunies, et en dépit du remue-ménage imprévisible qui s'est produit à Ottawa mais qui se terminera le 18 février, le moment est donc arrivé, conformément à la promesse que nous avions faite, de rendre public avant l'ajournement de la Chambre le projet de question que nous avons préparé.

Nous croyons qu'il est limpide et franc et qu'on l'a dépouillé de tout déguisement. Ce qui nous a obligés, malgré tous nos efforts pour être concis, à en allonger quelque peu la formulation. Il nous a semblé en effet qu'une description brève mais concrète de l'objectif valait bien quelques lignes de plus.

Ce texte n'a donc rien qui puisse normalement surprendre, si ce n'est peut-être qu'on y trouve un engagement clair et net pour la suite, engagement dont l'opportunité nous est vite apparue devant des insistances légitimes qui se multiplient depuis quelque temps. Nous le prenons aujourd'hui d'autant plus spontanément que jamais nous n'avons eu l'intention de demander à nos concitoyens de nous donner un chèque en blanc. C'est aux Québécoises et aux Québécois qu'il revient de décider de leur avenir, et ils doivent pouvoir approuver chacune des étapes majeures de leur cheminement constitutionnel. Aussi, il doit être clair que, même après que le gouvernement aura reçu un mandat de négocier une nouvelle entente avec le Canada, aucun changement de statut politique ne sera effectué sans que la population québécoise ait eu l'occasion de l'approuver spécifiquement par la même voie démocratique du référendum.

Il s'agit donc d'une question explicite, qui demande le mandat de négocier non pas n'importe quoi, mais au contraire une entente bien précise dont les éléments essentiels se retrouvent dans le corps même de la question, ainsi que les garanties démocratiques que je viens d'évoquer.

Comme nous l'avions promis dès le départ, on pourra répondre à cette question par un *oui* ou par un *non*. Et, ainsi que le prévoit la loi de la consultation populaire, elle sera imprimée sur les bulletins de vote en français et en anglais (et lorsqu'il y a lieu en langue amérindienne ou inuit).

Si l'Assemblée nationale l'approuve au cours du débat prévu pour la rentrée parlementaire, elle se lirait comme suit:

Le Gouvernement du Québec a fait connaître sa proposition d'en arriver, avec le reste du Canada, à une nouvelle entente fondée sur le principe de l'égalité des peuples;

cette entente permettrait au Québec d'acquérir le pouvoir exclusif de faire ses lois, de percevoir ses impôts et d'établir ses relations extérieures, ce qui est la souveraineté — et, en même temps, de maintenir avec le Canada une association économique comportant l'utilisation de la même monnaie;

tout changement de statut politique résultant de ces négociations sera soumis à la population par référendum;

EN CONSÉQUENCE, ACCORDEZ-VOUS AU GOUVERNEMENT DU QUÉBEC LE MANDAT DE NÉGOCIER L'ENTENTE PROPOSÉE ENTRE LE QUÉBEC ET LE CANADA?

OUI

NON

En répondant OUI à cette question, les citoyens du Québec auront l'occasion de faire un pas décisif vers la prise en charge de leur avenir. Ce sera un grand pas en avant. Comme l'est toujours, nécessairement, tout ce qui va dans le sens de la responsabilité et de la liberté.

CJAD

20
Le Livre beige: on mérite mieux que ça

Déclaration du Premier ministre sur l'option constitutionnelle du Parti libéral du Québec exprimée dans le Livre beige, le 11 janvier 1980.

À bien des égards, le document constitutionnel du Parti libéral du Québec est un véritable piège. C'est peut-être là l'explication la meilleure des multiples retards qu'il a subis. Il faut du temps pour mettre au point un déguisement d'aussi bonne tenue. Mais sous ce maquillage verbal qui ne résistera guère, la proposition de monsieur Claude Ryan est en fait une approche mi-chair mi-poisson, qui en prétendant satisfaire tout le monde arrivera vite à ne satisfaire personne.

Rédigé pour donner l'illusion d'une volonté profonde de changements fondamentaux, ce livre beige peut faire croire au départ que les libéraux provinciaux recherchent effectivement une vaste décentralisation du fédéralisme. Les Canadiens anglophones qui auront cette impression trouveront que cette perspective dépasse les bornes et que la façon dont on entendrait la réaliser n'est porteuse que de pagaille et de paralysie additionnelle pour le régime. C'est ce que déclarent déjà, d'ailleurs, ceux que des préoccupations à court terme, électorales surtout, n'empêchent pas momentanément de dire leur façon de penser.

Or, d'un point de vue québécois — point de vue que le document escamote avec un noble détachement — une lecture le moindrement attentive fait ressortir une tout autre réalité. Et cette réalité, c'est que la «nouvelle fédération» proposée ne répondrait aucunement aux aspirations ni aux besoins du Québec d'aujourd'hui, et encore moins aux exigences prévisibles de son évolution. Bien plus, elle constitue en maints endroits un recul par rapport à des demandes devenues traditionnelles pour le Québec.

Recul sur l'essentiel: l'égalité politique

Ainsi toutes les commissions et comités qui se sont penchés sur le mal canadien depuis vingt ans sont arrivés à la même conclusion: tant que n'aura pas été réglé le problème de l'égalité politique entre les deux sociétés nationales qui composent le Canada, rien n'aura été réglé. Tous ceux qui, au fil des ans, ont proposé des formules aussi diverses que le statut particulier, les États associés, une véritable confédération, le disaient aussi à leur manière. En 1965, la Commission Laurendeau-Dunton le proclamait déjà: *L'espoir traditionnel du Canada français, c'est celui d'être l'égal, comme partenaire, du Canada anglais.*

Sans cette égalité politique des deux peuples, on aura beau prétendre «enchâsser» l'égalité des individus, des langues et des cultures, elle demeurera toujours largement théorique. Dans ce pays où déjà toutes les provinces sont supposément égales, certaines sont curieusement plus égales que d'autres. On l'a vu encore récemment, lorsqu'un article de la vieille constitution — article que la proposition libérale maintiendrait — a permis à la Cour Suprême de réimposer au Québec un bilinguisme officiel dont ses représentants à l'Assemblée nationale l'avaient pourtant débarrassé.

Mais, pour le chef libéral provincial et son équipe, la recherche de cette égalité n'est plus maintenant qu'un objectif parmi les treize qu'ils énumèrent, et on la retrouve côte à côte avec la préservation «des patrimoines culturels régionaux»... D'ailleurs, lorsqu'on ose tout de même mentionner «l'égalité foncière des deux peuples fondateurs», ce n'est évidemment que pour mémoire; on a tellement peur d'indisposer la majorité anglophone qu'on s'empresse de préciser que cette égalité se réalisera par «la proclamation de *certains* droits linguistiques» et qu'elle ne doit en aucun cas «contredire le principe suivant lequel tous les partenaires doivent être fondamentalement égaux au sein de la fédération».

Le Québec aura donc l'égalité fondamentale avec l'Ile-du-Prince-Edouard. Mais l'égalité fondamentale et juridiquement établie du peuple québécois avec le peuple anglo-canadien, celle-là est impensable. Une fois mentionnée parmi les objectifs, elle disparaît ensuite sans laisser de traces, et le reste du document libéral n'est plus qu'un effort systématique pour faire du Québec une province comme les autres et noyer la dualité dans le régionalisme.

Recul en affaires culturelles et sociales

Et ça devient encore plus évident lorsqu'on constate à quel point le document libéral recule même dans de larges secteurs de notre vie culturelle et sociale, par rapport à des positions que défendaient MM. Lesage, Johnson et Bourassa, sans compter le gouvernement actuel.

Bien sûr, ces «hérésies» qu'admettait hier Monsieur Ryan, en faisant de l'humour sur leur peu d'importance, ne peuvent aller jusqu'à oublier toutes les revendications traditionnelles du Québec et on en retrouve effectivement un bon nombre. Mais les reculs sont aussi majeurs qu'inadmissibles.

Par exemple, en matière culturelle, le gouvernement fédéral garderait le pouvoir:

• de maintenir ou mettre sur pied des «institutions nationales» dans tous les domaines, y compris la radio-télévision et la recherche (Bibliothèque nationale, Musées nationaux, Archives nationales, Office national du film, Radio-Canada, Conseil de recherche, etc.);

• d'attribuer les ondes et de définir les normes techniques pour la radiodiffusion et même la câblodistribution (les provinces n'ayant d'autre part aucune juridiction sur le contenu des émissions!);

• de faire n'importe quelle dépense de nature culturelle, pourvu qu'il y soit autorisé par le Conseil fédéral aux deux-tiers, le Québec ne comptant que pour le quart des voix...

De plus, en matière sociale — où depuis les années soixante, tous les porte-parole du Québec ont sans cesse demandé la compétence la plus complète possible dans ce domaine qui affecte le tissu le plus intime d'une communauté humaine — dans l'optique libérale provinciale, Ottawa garderait le pouvoir de mettre sur pied n'importe quel programme de transfert aux individus, avec son contrôle des allocations familiales, de la sécurité de la vieillesse, de toutes les clés essentielles d'une politique de sécurité du revenu.

Il est tout à fait souhaitable, d'autre part, que le Québec inscrive dans sa propre constitution une déclaration des droits des citoyens. Une telle déclaration lierait l'Assemblée nationale mais pourrait toujours être modifiée par une majorité du peuple québécois. Tel n'est pas le cas d'une déclaration des droits qui serait incluse dans la constitution canadienne, puisque celle-ci ne pourrait être modifiée sans l'accord du reste du Canada. Et surtout lorsqu'il s'agit d'une déclaration qui viendrait, à nouveau et définitivement, limiter le droit de l'Assemblée nationale:

- de légiférer sur la langue d'enseignement,
- de légiférer sur les structures scolaires.

La solution Ryan, à cet égard, est bien pire que la loi 22: au moins celle-ci pouvait être abrogée, et elle l'a effectivement été par la loi 101.

En ce sens, tout le document libéral ressemble d'ailleurs à cette loi 22 du gouvernement Bourassa. On se rappelle que cette loi résonnait d'une part de clinquantes affirmations de principe («le français est la langue officielle du Québec»), mais d'autre part comportait aussi tellement d'exceptions et d'échappatoires que son effet sur la réalité était très problématique. Avec le résultat que ni les anglophones (qui s'attardèrent aux déclarations de principe) ni les francophones (qui s'émurent du manque de prise sur la réalité) n'acceptèrent cette approche.

Il en va de même des propositions Ryan. D'une part, on affirme la compétence des provinces sur un grand nombre de sujets (dont certains sont nouveaux), et on semble vouloir limiter les pouvoirs d'Ottawa par un Conseil fédéral, ce qui soulèvera fatalement une opposition systématique au Canada anglais; mais par ailleurs, on laisse au gouvernement fédéral l'essentiel de ses pouvoirs économiques et on lui conserve la faculté de continuer à agir de façon déterminante même dans les secteurs culturel et social — ce qui est inacceptable.

Il y a plus encore. Revenons à ce fameux Conseil fédéral, destiné à remplacer le Sénat, et dont les libéraux font une cheville ouvrière de toute leur approche. Dans ce Conseil fédéral, le Québec aurait l'équivalent de sa population dans l'ensemble canadien, soit 25% des sièges, les autres provinces, 75%. Par ailleurs, comme les projets fédéraux qui seraient soumis au Conseil devraient être ratifiés aux deux tiers des voix, cela signifie que le reste du Canada pourrait facilement et constamment négliger les vues québécoises. C'est la minorisation institutionnalisée. Le Conseil fédéral n'ajoute rien au pouvoir québécois. Au contraire, il risque de le réduire encore davantage. On est rendu loin même du statut particulier!

Sur un autre plan, ce Conseil n'aurait même pas de pouvoirs véritables. Il ratifierait, conseillerait, retarderait, mais ne pourrait agir de lui-même. Ajouté aux multiples et accaparantes conférences fédérales-provinciales, il constituerait une structure supplémentaire foncièrement paralysante, un nid à chicanes dans lequel les hommes politiques de toutes les provinces devraient investir encore plus de temps et d'énergie qu'ils n'en gaspillent présentement.

À la place du régime actuel, il est peut-être théoriquement possible d'imaginer une forme quelconque de fédéralisme renouvelé. Mais ce renouvellement, pour avoir la moindre chance d'améliorer les choses, devrait absolument viser, quant à nous d'abord, à modifier la place du Québec pour la renforcer et non la diminuer; et pour l'ensemble, à simplifier et réduire les structures et organismes qui se marchent constamment sur les pieds. Or, voilà précisément ce que ne ferait pas le document du PLQ.

L'illusion du changement

Mais pour entretenir l'illusion, il faut quand même avoir l'air de préconiser un transfert décisif de compétences d'Ottawa aux provinces. Et là, Monsieur Ryan et ses collaborateurs nous présentent une espèce de soufflé constitutionnel qui confine à la tromperie.

Prenons d'abord le cas des grands pouvoirs fédéraux d'intervention qu'on vise à limiter. Un de ceux-ci est depuis longtemps désuet: il s'agit du pouvoir de réserve et de désaveu. Tout le monde est d'accord depuis des années pour l'abolir, puisqu'il ne sert plus; on s'entendait déjà là-dessus en 1968-69.

Même remarque pour le pouvoir déclaratoire. Dans le bill C-60, présenté en juin 1978, Ottawa était lui-même d'avis qu'il fallait en revoir l'application. De fait, il s'est paradoxalement heurté à l'opposition de certaines provinces désireuses de conserver intégralement ce genre de pouvoir fédéral!

Quant au pouvoir de dépenser, là encore le gouvernement fédéral a lui-même fréquemment suggéré de le soumettre à certaines limitations. En reprenant cette idée, le document libéral n'innove pas.

Cependant, il propose du même souffle qu'Ottawa puisse intervenir grâce à un pouvoir d'urgence qui lui serait dorénavant reconnu, ce qui n'est pas le cas maintenant. On redonnerait donc au gouvernement central une possibilité d'action qu'on paraissait disposé à lui soustraire dans les autres pouvoirs généraux.

Pour ce qui est du pouvoir résiduaire, il reviendrait aux provinces. Ce serait une amélioration maintes fois réclamée par le Québec. Mais l'ampleur de cette apparente amélioration ne peut être évaluée qu'à la lumière des compétences explicitement reconnues à Ottawa. Or, celles-ci, d'après le texte libéral et malgré une impression initiale à l'effet contraire, seraient plus que déterminantes.

Le document libéral défonce encore sans vergogne d'autres portes ouvertes depuis longtemps. Il affirme solennellement à plusieurs reprises à quel point les provinces doivent être souveraines, mais la plupart du temps, il s'agit de domaines où elles ont déjà pleine compétence (éducation, richesses naturelles, affaires municipales, services sociaux, réseau routier, etc.). Il n'y a pas grand courage à exiger avec vigueur ce qu'on possède déjà.

En économie, la vie en rose

Les libéraux provinciaux cherchent également à impressionner les Québécois en regardant avec des lunettes roses la place qu'ils occupent au sein du régime fédéral et les soi-disant avantages qu'ils en retirent, en particulier bien sûr au plan économique.

C'est l'étalon-superficie plutôt que le revenu par habitant qui sert d'abord, pompeusement et à répétition, à faire rêver les gens sur la richesse de tous ces milles carrés. Ce qui permet de ne pas mentionner que, sur la base un peu plus orthodoxe des revenus, on doit constater que, des six pays les plus riches au monde, aucun n'a même la moitié de la superficie du Québec et cinq d'entre eux ont une population inférieure à dix millions. Alors qu'en revanche le Canada, qui avait encore, au milieu des années soixante, le troisième niveau du monde, se retrouvait l'an dernier au dixième rang, et surtout que le revenu per capita des Canadiens des autres provinces est en moyenne de 20% supérieur à celui des Québécois.

Ce qui permet d'écrire au passé indéfini un court paragraphe où l'on admet, quand même, qu'«au sein de l'ensemble canadien, le Québec *n'a pas eu* la partie facile...». On suggère ainsi discrètement que cet état de choses est désormais corrigé.

Après tout, ne doit-on pas se rappeler que les sièges sociaux — notion magique — de trois grandes entreprises de transport sont situés à Montréal? Peu importe que le Québec soit le plus mal pourvu de tous en voies ferrées, et par-dessus le marché que les tarifs de transport ferroviaire y soient beaucoup plus élevés qu'ailleurs.

Que l'on songe aux investissements fédéraux dans l'énergie via Syncrude et Pétro-Canada en comparaison du défunt dossier de La Prade, ou aux activités de la Canadian Development Corporation qui emploie généreusement 876 Québécois sur un total de 14 000 employés, ou encore aux investissements dans la pétrochimie et la sidérurgie, à Sarnia et Sidney, en regard des hésitations politiciennes dans le cas du sel des Iles-de-la-Madeleine.

Bien sûr, on a raison de mentionner l'aménagement de la Baie James parmi les grandes réalisations de ce pays, ainsi que les sables bitumineux d'Alberta, l'exploration pétrolière le long des côtes de l'Atlantique; mais il aurait pu être utile de dire aussi que la Baie

James a été réalisée sans qu'un seul dollar ne vienne d'Ottawa, alors que les deux autres projets sont financés en bonne partie par une contribution fédérale à même les impôts des Québécois.

Voilà le genre d'analyse-fiction sur laquelle s'appuie le document libéral pour proposer en gros le maintien pur et simple du statu quo dans tout le domaine économique, celui qui sous-tend tout le reste en définitive. À part certaines suggestions qui ne feraient que confirmer la pratique actuelle ou corriger certaines anomalies (relations de travail, pêcheries, téléphone), le fédéral garderait intacte sa maîtrise des grands leviers économiques: monnaie, tarifs, système bancaire, aide à l'industrie, taxation des compagnies, commerce extra-provincial, etc.

Or, il est évident que le Québec ne peut pas être «le premier responsable du développement de ses ressources humaines et physiques» (p. 107) sans maîtriser les principaux instruments de sa vie économique. Les outils économiques étant la clef du développement de toute société, le Québec devrait donc continuer, dans la perspective libérale, d'être à la merci des décisions d'un gouvernement central dont les politiques économiques ont plus souvent qu'autrement posé des entraves à son développement.

Quelques exemples, entre autres:

• En matière fiscale, qui est au coeur de toutes les questions posées par l'augmentation des charges et les compensations en cas de transfert, M. Ryan et les siens n'ont pas l'air de savoir que le partage du gâteau est le plus grand échec des quinze dernières années de discussion, ni même d'imaginer que le problème puisse vraiment exister;

• on peut en dire autant de l'analyse libérale des politiques de stabilisation économique. Chaque gouvernement fait présentement quelque chose. Souvent cela s'annule et tombe dans le gaspillage. Le Livre beige nous annonce solennellement que, dorénavant, chacun continuerait. En fait, on refuse simplement de reconnaître qu'un pays qui a institutionnalisé un des plus hauts taux de chômage de tous les pays développés et dont le niveau de vie glisse depuis plus de dix ans, est un pays malade.

On se contente de rappeler simplement l'adresse des deux pharmaciens qui ont si brillamment réussi! (...)

La démission anticipée

Enfin, pour la première fois depuis un siècle, un parti politique du Québec prétend négocier avec le reste du Canada non pas à partir d'une vision et d'une perspective québécoises, mais à partir de considérations pan-canadiennes. Pourquoi cette réticence à parler vraiment au nom des Québécois? Pourquoi ce refus de défendre d'abord et avant tout, sinon exclusivement, les intérêts du Québec? Pourquoi ne pas laisser les représentants du Canada anglais parler et agir au nom de leur communauté? C'est de l'avenir du Québec qu'il s'agit surtout et c'est le Québec qui réclame depuis des années des changements fondamentaux.

En fait, on semble avoir si peu confiance dans la démarche constitutionnelle proposée qu'on annonce déjà qu'elle risque fort de ne jamais aboutir et qu'il ne faut surtout pas s'en inquiéter.

Ainsi, on refuse de voir «l'entreprise uniquement dans un esprit de revendication» (p. 25) et on annonce que rien ne se passera si les négociations «achoppent». En outre, le premier postulat posé par le Québec serait que «le fédéralisme est la seule forme de gouvernement qui puisse, à ce stade de son développement, convenir» et on nous informe qu'«à tous les stades de la réforme, les partenaires devront avoir les yeux rivés sur l'ampleur des défis» (p. 26). Il faudra donc «éviter toute précipitation dans la recherche d'accords» et «éviter de part et d'autre l'attitude suivant laquelle il faut absolument en venir à une entente à tout prix» (p. 27) n'en déplaise «aux amateurs de changement» (p. 26).

Que ce soit par pure naïveté ou par calcul, les éventuels négociateurs libéraux demanderaient donc aux Québécois uniquement le mandat de tenir en fait une sorte de discussion de salon. Jamais un parti politique québécois n'a adopté une attitude aussi foncièrement désossée dans le dossier constitutionnel. Chose certaine, ce n'est pas de cette façon que le Québec récupérera jamais les pouvoirs dont il a besoin...

L'histoire le démontre pourtant suffisamment: le reste du Canada n'a cédé aux revendications du Québec que lorsqu'il s'est senti obligé de le faire. Cette fois, on le rassure d'avance en disant «rien ne presse», et que même si ça n'aboutit pas, ce ne serait que partie remise.

Mais cette partie perdue d'avance, il n'y a aucune raison, sauf pour d'honorables exceptions, pour qu'au Canada anglais on ne fasse pas semblant d'en tenir compte, temporairement, dans l'espoir qu'assez de Québécois s'accrochent à cette nouvelle «dernière chance» pour dire non au référendum. C'est après seulement que serait jugée et rejetée d'emblée la perspective de chicane perpétuelle et de paralysie politique intensifiée que propose, du point de la majorité anglo-canadienne, ce document consciemment trompeur ou, sinon, d'une présomption désarmante. Jusqu'à nouvel ordre, comme monsieur Trudeau pour le rapport Pépin-Robarts, on se contentera souvent de parler d'un document «valable, en grande partie», sans trop entrer dans les détails. C'est plus tard, le moment venu, que les porte-parole anglophones paraphraseront une récente réplique de monsieur Ryan, et lui diront «No, thanks».

Quant au peuple québécois, que ce texte démissionnaire voudrait confiner à jamais dans un statut non seulement provincial, mais de plus en plus minoritaire et dépendant, il se rend compte déjà, j'en suis sûr, du piège qu'on veut lui tendre. Il verra, à la lecture, que certains propos par lesquels on prétend justifier à perpétuité le carcan fédéral, sont même sournoisement injurieux à son endroit: lorsqu'on lui affirme, par exemple, que même s'il est devenu «une communauté nationale distincte», le Québec a toujours besoin du fédéralisme pour «la culture de la liberté»! Comme si aucun régime politique n'était une garantie en soi; et surtout comme si les Québécois n'avaient pas autant de respect que quiconque pour les libertés individuelles, et comme nulle part ailleurs pour les droits des minorités.

Sachant qu'ils méritent vraiment mieux que ça, ils diront de leur côté aux illusionnistes libéraux: «Non, merci.»

Ce qui préparera le oui qui, seul, pourra jamais débloquer le cul-de-sac où deux peuples sont enfermés dans une inégalité qui les empoisonne l'un et l'autre, et dans l'hypocrisie foncière des pseudo-solutions.

EMPIRE CLUB
DA
EMPIRE CLUB
CANADA

21
«What Quebec Wants»

Discours prononcé le 24 janvier 1980 à Toronto, devant les membres des Canadian et Empire Clubs.

Now, in between, when political and/or economic change is called for and well-planned and well done, all who are concerned and have the courage to face up to it are likely to gain. While, if change is called for and refused, everyone eventually will lose. Now, in such a world as the one we are in, and with all the stirring and the shaking that we have seen and felt in our own institutions, especially over the last generation, it isn't, I think, exactly a sacrilege to ask ourselves: "Do we, by any chance, also need basic change in our political set-up after 113 years?"

Quand le changement politique ou économique est désiré, bien préparé et bien réalisé, tous les intéressés qui ont le courage d'y faire face ont des chances d'en profiter. Tandis que si le changement est refusé, tout le monde perd tôt ou tard. Dans un monde comme celui où nous vivons, avec tous les remous et les brassages que nous avons vus et sentis dans nos propres institutions, surtout au cours de la dernière génération, je ne crois pas que c'est un sacrilège de nous demander: «Est-ce que, par hasard, nous aurions aussi besoin de changements fondamentaux dans nos structures politiques, après cent treize ans?»

I know how easy it is to be for change, let us say, in Iran or in Chile or other far away situations, as remote as possible, but it is always difficult to accept when we ourselves are affected and that is precisely why, when the question touches home base, it is a supreme test of a people's or a society's maturity, of its clear-mindedness and its minimum of vision. Now, I propose that the answer, as far as we are concerned, on both sides in Canada and I am talking about two sides — (There are many other sides,

Je sais combien il est facile de favoriser le changement, disons en Iran ou au Chili ou dans d'autres lieux éloignés, le plus possible éloignés, mais il est toujours difficile de l'accepter quand nous sommes nous-mêmes affectés et c'est précisément pourquoi, quand la question touche de près, elle est l'épreuve suprême de la maturité d'un peuple ou d'une société, de sa lucidité et de son niveau de vision. En ce qui touche les deux parties au Canada (et je parle de deux parties car même s'il y en a

but there are two very deeply basic sides in Canada) — I propose that the answer obviously to the question is "Yes, we do need, everybody agrees verbally, we do need significant, far-reaching and well-planned or at least well understood political change."And the reason, the wherefore, essentially lies in Québec and more specifically in French Québec because, like it or not, there is in Federal Canada one of two very distinct societies, call it what you wish, a nation, a culture, a founding people or find something else, but there is one of the two whose full development and whose ever rising, if not always clearly recognized aspirations, are largely hampered by the Federal system itself.

beaucoup d'autres, au niveau le plus profond il y a deux parties au Canada), la réponse à la question est évidemment: «Oui, nous avons besoin, tout le monde le reconnaît verbalement, d'un changement politique significatif, de grande portée, et bien planifié ou tout le moins, en cours de route, bien compris.» La raison en est essentiellement qu'au Québec, et plus précisément au Québec français, que cela plaise ou non, il y a une des deux sociétés bien distinctes du Canada fédéral — appelez-la comme vous voulez: une nation, une culture, un peuple fondateur ou autre chose encore, en tout cas il y en a une des deux — dont le plein épanouissement et les aspirations croissantes, sinon toujours conscientes, sont largement freinés par le système fédéral lui-même.

I am not at all pretending that, in the beginning and for some time after, this arrangement, all told, did not serve Québec's basic interests well as others, but the fact remains that our survival, as we used to say, and our partial development in many fields had mostly little or nothing to do with federalism, but much more with the willingness of our people to hold on for dear

Je ne nie pas qu'au début et pendant quelque temps par la suite cet arrangement ait servi les intérêts fondamentaux du Québec en même temps que d'autres, mais il reste que notre survivance, comme nous l'appelions, et notre développement partiel dans beaucoup de secteurs avaient en général peu ou rien à faire avec le fédéralisme, mais beaucoup plus à faire avec la

life to their identity and what collective institutions they were allowed to build and maintain, mostly at great cost, and more often than not, along the way, in spite of pressures from central government and its know-all technocracy. That has to make way for something else because (I can respect them, but I have to say it the way I see it) those who cannot or will not see by now the inability of the federal formula to accommodate fully the emergence in Québec of a now moderne and still essentially distinct national society, are with due respect, either authentic or make-believe ostriches.

For that, right there, is the root of the problem and the reason for inevitable change, oh, it can be delayed, but sometimes it is like justice delayed, it costs a lot more, it is there facing us: inevitable and fundamental change. It is all very well to pay lip service to *la différence* and then to become clearly or subtly negative the moment it dares

volonté de notre peuple de s'accrocher à son identité et à celles des institutions collectives qu'on lui permettait de bâtir et de maintenir, souvent à prix fort, et le plus souvent, chemin faisant, malgré les pressions du gouvernement central et de sa technocratie omnisciente.

Cela doit faire place à autre chose parce que — je peux les respecter mais je dois dire les choses comme je les vois — ceux qui, à l'heure qu'il est, ne peuvent pas ou ne veulent pas voir que la formule fédérale est incapable de faire place à l'émergence au Québec d'une société nationale maintenant moderne mais pourtant toujours essentiellement distincte, ceux-là, je le dis avec tout le respect qui leur est dû, sont des autruches authentiques ou font semblant d'en être.

Car là, précisément, est la racine du problème et la raison de l'inévitable changement fondamental. Inévitable même s'il peut être retardé. C'est comme la justice, elle peut être retardée mais le coût en est beaucoup plus élevé. Il ne suffit pas de prononcer de belles paroles à la gloire de «la différence» pour ensuite devenir clairement ou

to assert itself. And then hold forth vigorously about undeserved special privilege or privileged treatment. That has been going on for some time and we can all see where it took us.

subtilement négatif dès qu'elle ose s'affirmer. Et ensuite pérorer vigoureusement à propos d'un privilège spécial qui n'a pas été mérité ou d'un traitement privilégié! Ça se passe comme ça depuis un moment et nous pouvons tous constater où ça nous a menés.

The simple fact is that, any kind of desire for privilege has nothing to do with the way we are growing and I think it will be seen pretty soon that for a potential majority in Québec, privilege has nothing to do with the way we look to the future. For instance, we don't think we should try to impose on the rest of Canada new institutions and ways of doing things that would be foreign to its political and other traditions or to its own aspirations. We certainly don't pretend that we deserve to be any better off than others around us or pampered because we were here before or because our language and institutions in many ways are different or even because *O Canada* does sound better in the original French!

La simple vérité, c'est que la direction de notre croissance n'a rien à voir avec une recherche de privilèges et je crois que nous verrons bientôt que pour la majorité potentielle au Québec, le privilège n'a rien à voir avec la vision que nous avons de notre avenir. Par exemple, nous ne pensons pas que nous devrions essayer d'imposer au reste du Canada des institutions nouvelles et des méthodes qui seraient étrangères à ses traditions politiques ou autres, ou à ses aspirations. Nous ne soutenons certainement pas que nous méritons d'être mieux traités que ceux qui nous entourent ni choyés parce que nous étions ici avant les autres, ou parce que notre langue et nos institutions sont différentes, ou même parce que *O Canada* semble sonner mieux dans la version originale française.

And neither does our distinctiveness blind us to

Notre caractère distinctif ne nous rend pas aveugles aux

many other differences, regional, provincial and even cultural that also exist throughout English-speaking Canada. We know that Saskatchewan is not New Brunswick. We know that the Western Provinces also have legitimate grievances against Ottawa. We know that the Maritimes haven't always gotten a fair shake. That, unbelievable but true, I am told, Ontario itself is a bit worried nowadays. In fact, not only do we know all about that, and don't pretend that our grievances are in any way superior to others. In fact, I often believe that one of the main reasons why so much remains unsolved all over the place is the sort of predominance which has been obsessively given, mostly in words, never in actual decision, to the Québec problem. In words, yes, that are forever clinging to a deep misunderstanding and rejection of the one, basic, central aspect of the problem and the only possible key to its solution, and certainly that has nothing to do with any kind of quest for privilege or absurd claim to being any better than anybody else. It has to do with a deeply held, ever growing desire for a new kind of relationship between two

nombreuses autres différences, régionales, provinciales et même culturelles qui existent aussi au Canada anglais. Nous savons que la Saskatchewan n'est pas le Nouveau-Brunswick. Nous savons que les provinces de l'Ouest aussi ont des griefs légitimes envers Ottawa. Nous savons que les Maritimes n'ont pas été bien traitées. Que, incroyable mais vrai, même l'Ontario est un peu inquiet ces jours-ci. À vrai dire, non seulement savons-nous tout cela, et ne prétendons pas que nos griefs sont supérieurs à ceux des autres, mais je pense souvent que si tant de problèmes restent sans solution à gauche et à droite, c'est d'abord à cause de la prédominance presque obsessionnelle, surtout en paroles et jamais sous forme de véritables décisions, donnée au problème québécois. En paroles, oui, des paroles qui s'accrochent constamment à une profonde incompréhension et au rejet de l'unique aspect fondamental et central du problème et de la seule clef possible d'une solution qui n'a certainement rien à voir avec une quelconque quête de privilège ni une absurde prétention à être meilleur que quiconque. Il s'agit du désir bien ancré et toujours plus puissant d'une

distinct peoples. A relationship which would be based on the universally recognized principle of fundamental equality among nations, and not just principle but also its political application.

nouvelle sorte de relation entre deux peuples distincts. Une relation qui serait fondée sur le principe universellement reconnu de l'égalité fondamentale entre les nations, pas seulement au niveau du principe mais aussi de son application politique.

And I am pretty confident that, as of this coming spring, it will become very clear that our people in Québec will be content with no more, but no less. There can be doubts and denials, caricature or distortions, and also a lot of wishful thinking, along with quite a lot of nervous Nellies in Québec itself; but that is a fact and facts are very hard-headed. And how this fact came about, this new consciousness of national maturity in Québec, again has to do obviously with change, realizing rather belatedly, after the Second World War, that it was called for, accepting its necessity and then implementing it rather successfully, and so the feeling and now the certainty is that we, as a closely knit and different cultural and national community, have finally come of age.

Je suis raisonnablement confiant que, le printemps venu, il deviendra parfaitement clair que c'est ni plus ni moins ce que veut notre peuple au Québec. Il peut y avoir des doutes et des dénégations, des caricatures et des distorsions et aussi beaucoup d'illusions, en même temps que beaucoup de petites natures au Québec, mais c'est un fait, et les faits sont très têtus. Comment ce fait, cette nouvelle conscience d'une maturité nationale est apparue au Québec tient évidemment à ce changement propre à notre temps, à une prise de conscience tardive, après la Seconde Guerre mondiale, que ce changement était nécessaire, puis à une acceptation de la nécessité du changement, à sa mise en oeuvre assez réussie, entraînant le sentiment et maintenant la certitude que, en tant que communauté aux liens étroits, communauté culturelle et nationale distincte, nous sommes enfin au monde.

It was called, as you know, the Quiet Revolution, it flourished in the 60s, after germinating below ground ever since the Second World War. It brought first, as it always does, along with changes in attitudes and aspirations, an unprecedented explosion of cultural and artistic creativity,and along with the pride and confidence in that, also an appetite for more in other fields.

Vous vous rappelez qu'on l'appelait la Révolution tranquille; elle s'est épanouie dans les années 60, ayant pris racine après la Deuxième Guerre mondiale. Comme il se doit, elle a d'abord apporté, en même temps que des changements d'attitudes et d'aspirations, une explosion sans précédent de créativité culturelle et artistique et avec la fierté et la confiance que cela apportait, l'appétit de l'étendre à d'autres secteurs.

So, there was the revamping of education, of social programs, the launching of new collective instruments, like the pension fund, the expansion of Hydro, along with a gradual but constant increment in competence and know-how. Now, how else could you explain, for instance, to bring us closer to current history, that Québec could survive so well, and even prosper, after a ''catastrophe''such as our election in 1976! And not only survive and relatively prosper, but also to accept and manage quite successfully, another bout of substantial and far-reaching changes?

Ainsi, il y eut la réforme de l'éducation et des politiques sociales, la création de nouveaux instruments collectifs comme la caisse de retraite et l'expansion d'Hydro-Québec, en même temps qu'une lente mais constante croissance de la compétence et du savoir-faire. Comment expliquer autrement, par exemple, pour nous rapprocher du présent, que le Québec ait si bien pu survivre et même prospérer après une catastrophe telle que notre élection en 1976? Et non seulement survivre et jusqu'à un certain point prospérer, mais aussi accepter et gérer avec bonheur une autre étape de changements substantiels et de grande portée?

In that very perspective, without hiding anything, we

Dans cette même perspective, sans rien cacher,

had made a number of major specific promises, seven in all, during our election campaign, all of them challenges, most of them talked about for years, often promised before but never tackled. In order, they were:

1. to abolish secret electoral funds and bring as much integrity as humanly possible to public administration;

2. to reform the Automobile Insurance system;

3. to extend health care services, especially for the young and the elderly;

4. to increase government help to small and medium-sized business;

5. to reform municipal financing;

6. to preserve and develop our agricultural land;

7. to increase housing programs, in the perspective of finding a way to a full-fledged housing policy.

nous avions fait un certain nombre d'importantes promesses spécifiques, au cours de notre campagne électorale, toutes des défis, dont la plupart avaient été discutées depuis longtemps et souvent promises auparavant sans jamais être entreprises. Dans l'ordre, elles étaient:

1. abolir les caisses électorales secrètes et apporter autant d'intégrité qu'il est humainement possible de le faire à l'administration publique;

2. réformer le système d'assurance automobile;

3. étendre la portée de l'assurance santé, surtout pour les jeunes et les vieux;

4. accroître l'aide gouvernementale aux petites et moyennes entreprises;

5. réformer la fiscalité municipale;

6. préserver et développer nos terres agricoles;

7. accroître les programmes de logement, en vue de trouver la voie vers une politique globale du logement.

In addition, we were committed to solve, once and for all, the recurring linguistic crisis, to do something about asbestos, our major or at least most strategic natural resource, and last but not least, to hold a referendum on the constitutional future of Québec.

After 40 months as a government, we have met each and every one of those promises. There is still work to be done, there always will be, and the referendum is only to take place in the coming spring, but on the whole we have done precisely what we said we would. Of course, adjustments had to be made, some idealism had to give way to some realities, but all the essentials are there.

Now, and that is also rather typical of the first reaction when you face change, when first introduced some of these measures resulted naturally in an outcry from the many quarters where longstanding comfortable positions were disturbed, as change always does, or quarters who felt themselves singled out for what they thought was discriminatory treatment.

En outre, nous nous étions engagés à résoudre, une fois pour toutes, la crise linguistique endémique, à agir dans le secteur de l'amiante, notre ressource majeure ou tout au moins la plus stratégique, et enfin à tenir un référendum sur l'avenir constitutionnel du Québec.

Après quarante mois de gouvernement, nous avons réalisé toutes et chacune de ces promesses. Il y a encore du travail à faire, il y en aura toujours et le référendum n'aura lieu qu'au printemps prochain, mais dans l'ensemble, nous avons fait exactement ce que nous avions dit que nous ferions. Bien sûr, il y a eu des mises au point à faire, certains éléments d'idéalisme ont dû faire place à certaines réalités, mais tout l'essentiel est là.

Il faut dire, et c'est aussi assez typique de la réaction initiale quand on fait face au changement, qu'au moment où elles ont été présentées, certaines de ces mesures ont naturellement provoqué les protestations des milieux dont les vieilles positions de confort étaient dérangées, comme c'est toujours le cas quand il y a du changement, ou des milieux qui se croyaient les victimes

Bill 101 on language, you certainly heard a bit about it, was the change which was received with the most hostility by business groups inside and outside Québec, and especially by many members or our own English-speaking community. Well, two years later, for instance, the C.D. Howe Research Institute, which cannot be suspected of Parti Québécois affiliation, to say the least, just yesterday or the day before yesterday, released the first scientific evaluation of Law 101 concerning its impact on business and the work place, and quoting from the conclusion of this study, here is what they say:

We believe that some form of government intervention in the form and substance it took in Laws 22 and 101 was necessary... (22 was the former gorvernment's, Mr. Bourassa's government enacted that legislation).

An analysis of the principles and measures of both laws has led us to conclude that insofar as the francization of the business firm is concerned, Law 101 is, in many

désignées de ce qui leur paraissait être un traitement discriminatoire. La loi 101 sur la langue, dont vous avez sûrement entendu parler, fut le changement qui a provoqué le plus d'hostilité dans les milieux d'affaires à l'intérieur et à l'extérieur du Québec, et particulièrement parmi les membres de notre propre communauté anglophone. Eh bien, deux ans plus tard, par exemple, le C.D. Howe Research Institute, qui ne peut être soupçonné d'être allié du Parti québécois, c'est le moins qu'on puisse dire, vient de rendre publique la première évaluation scientifique de la loi 101 dans ses effets sur les affaires et les milieux de travail.

Voici des extraits de la conclusion de cette enquête:

À notre avis, une intervention gouvernementale, de la forme et de la nature qu'elle prit dans les lois 22 et 101, était nécessaire...

L'analyse des principes défendus par les deux lois et des mesures qu'elles préconisent nous ont amenés à conclure que, en ce qui concerne la francisation de l'entreprise,

respects, more reasonable and effective than Law 22 because it attempts to be universal and to pursue exclusively linguistic aims. Ambiguities, such as the Francophone presence, are absent. Moreover, head offices and research centres, under some conditions, are excluded from the programs in Law 101. Specific and flexible protocols are to be negotiated for these entities.

la loi 101 est, à maints égards, plus raisonnable et efficace que la loi 22, car son application se veut obligatoire pour toutes les entreprises et elle ne vise qu'à la promotion de la langue française. Les termes ambigus comme «la présence francophone» en sont absents. En outre, sous réserve de certaines conditions, les sièges sociaux et les centres de recherche sont exemptés des programmes de francisation prévus par la loi 101. Des protocoles spécifiques et souples feront l'objet de négociations avec ces entités.

I can well remember that similar negative reactions, also absolutely par for the course, initially greeted our introduction of a no-fault automobile insurance system: "It will never work, if it is public. Premiums will shoot up sky-high. Just look at B.C.!"Well we did look at B.C., after Saskatchewan and after looking also at Michigan and Massachusetts and other States, and along the way the Cassandras eventually piped down on that subject — and naturally went on to holler about something else.

Je me rappelle aussi des réactions négatives similaires, tout à fait prévisibles, au moment où nous adoptions un système d'assurance automobile sans responsabilité: ça ne fonctionnera jamais, si c'est public; les primes monteront en flèche; regardez la Colombie-Britannique. Nous avons en effet regardé la Colombie-Britannique, après la Saskatchewan et aussi le Michigan, le Massachusetts et d'autre États, et le long du chemin, les Cassandres ont fini par se taire à ce sujet, et ont naturellement commencé à hurler à propos d'autre chose.

Now, I must say that we are used to that and rather well vaccinated by now. Way back in 1962, I remember when it was said, very largely in the same quarters, from the same sources, that Hydro Québec could never succeed in the take-over and subsequently the efficient management of the old power companies. For some unfathomable reason, dams built in French by Québec engineers and workers would never stand the pressures. And wasn't it also a fact that the computer could hardly learn French? Well, since then, there has been Manicouagan and then James Bay, both in their time, the biggest power projects in the Western World.

Now, last but not least, this growing competence is also visible not just in technology, but also in all economic affairs, where it is now percolating like mad.

I know that some of you may still be thinking that Québec is more or less economically going down the drain. That comes mainly, I truly believe and with due respect to my old profession, from news treatment. You

Je dois dire que nous avons maintenant l'habitude et que nous sommes assez bien immunisés. Dès 1962, je me souviens qu'on disait beaucoup, dans certains cercles, qu'Hydro-Québec ne réussirait jamais à prendre le contrôle des vieilles compagnies d'électricité et à les gérer ensuite efficacement. Pour quelque raison insaisissable, des barrages construits en français par des ingénieurs et des ouvriers québécois ne sauraient jamais résister aux pressions. Et n'était-il pas vrai aussi que l'on ne pouvait pas s'attendre à ce que l'ordinateur apprenne le français? Depuis, pourtant, il y a eu la Manicouagan et la Baie James, chacun en son temps le plus gros projet hydroélectrique d'Occident.

Dernier point mais non le moindre, cette compétence croissante se manifeste non seulement dans la technologie, mais aussi dans les affaires économiques où elle prend en ce moment son essor.

Je sais que certains d'entre vous pensent encore que le Québec et en perte de vitesse du point de vue économique. Cela vient surtout, je le crois avec tout le respect dû à mon ancienne profession, de ce que véhiculent les média. Vous

know, news treatment is mostly or too often exclusively based on that old cliché of journalism: "Good news is no news". Now anytime that cliché is married to an editor or a reporter who may also have a little bit of prejudice, it can really play havoc with information. I am sure with the high standards prevailing in the Toronto area, there is not too much of that here... But just to set the record straight, in a nutshell, it may be useful to say that recently, especially in '78 and '79, Québec's economic results have been rather impressive, due, first of all, naturally to the performance of our mostly by now home-grown doers in the private field, but also in some measure to the policies of our government, certainly not to the policies emanating from Ottawa over the last year or so, for reasons that everybody understands: Nothing has emanated. In 1979, for instance, 76,000 new jobs were created in the first ten months, 32,000 of them in the manufacturing sector. And with appropriate modesty, I would like to quote the *Financial Times* of last December 3rd, in case you missed it. *It is a fact, for example,* they wrote, *that the*

savez que ceux-ci s'inspirent le plus souvent du cliché journalistique: «bonnes nouvelles, pas de nouvelles.» Chaque fois que ce cliché trouve un secrétaire de rédaction ou un reporter qui a peut-être un peu de préjugés, il peut vraiment faire des ravages dans l'information. Sans doute qu'avec les normes élevées qui prévalent à Toronto, vous n'avez pas ce problème ici. Mais simplement pour rétablir les faits, en quelques mots, il est peut-être utile de rappeler que récemment, surtout en 78 et 79, les performances économiques du Québec ont été impressionnantes grâce, d'abord, à nos entrepreneurs locaux, mais aussi dans une certaine mesure aux politiques de notre gouvernement; certainement pas en tout cas aux politiques qui sont sorties d'Ottawa depuis environ un an, pour des raisons que tout le monde comprendra: rien n'en est sorti. En 1979, par exemple, 76 000 emplois ont été créés au cours des neuf premiers mois, dont 32 000 dans le secteur manufacturier. Et avec une modestie de bon aloi, je voudrais citer le *Financial Times* du 3 décembre 1979, au cas où vous ne l'auriez pas noté: *C'est un fait, par exemple,* écrivait-il,

Québec economy has grown faster than the Ontario economy in the past three years, since the election. Wages and salaries have advanced faster than in Ontario, as well as producing a rapid rise in the personal disposable income of the average Quebecer. Québec's unemployment rate still runs ahead of Ontario, but the gap has been closed a little.

que l'économie du Québec a connu une croissance plus rapide que celle de l'Ontario au cours des trois dernières années, depuis les élections. Et plus loin: *Les salaires et gages ont augmenté plus rapidement qu'en Ontario, entraînant en même temps une croissance rapide du revenu personnel disponible pour le Québécois moyen. Le taux de chômage du Québec reste supérieur à celui de l'Ontario, mais l'écart a été légèrement rétréci.*

Needless to say, we are not satisfied. Anyway who is satisfied nowadays? But in summary, the last 20 years or so — including the last three — have been a continuous process of maturing for Québec society and, along with some mistakes, rather incredible progress and naturally a gradual build-up of normal self-confidence.

Il va sans dire que nous ne sommes pas satisfaits. Qui est satisfait de nos jours? Mais en résumé, les quelque vingt dernières années, y compris les trois dernières, ont été pour la société québécoise une période soutenue de maturation, et malgré certaines erreurs, de progrès presque incroyable et d'une accumulation progressive de confiance en soi.

Now, all of that, by contrast, has served also to dramatize the fact that during that same span of a whole generation, most problems related to our belonging to a federal framework, certainly all major problems, were remaining and still remain essentially unresolved. Just a few brief examples:

Tout cela, par effet de contraste, a aussi servi à faire ressortir le fait qu'au cours de cette même période d'une génération entière, la plupart des problèmes liés à notre appartenance à un système fédéral — certainement tous les problèmes majeurs — demeuraient et demeurent sans solution. Voici quelques exemples:

1) General and overall impact of federal economic policies in Québec, study after study comes to a conclusion always monotonously similar — in science and research, in transportation, in agriculture, in housing, in industrial promotion federal policies have regularly had largely negative effects for Québec. For instance, concretely, transportation costs for a ton of paper from Donnacona/Québec to New York, 540 mi., is about $31.00 (to round the figure) $30.80, I think. Transportation costs for another ton of paper, more or less the same, from Thorold/Ontario to Chicago, 500 mi. more or less: $15.00 — half the cost. Those are transportation tarifs and you know who sets them. Don't ever doubt that you have the balance of power!

1) L'impact général et global des politiques économiques fédérales au Québec. De nombreuses études ont donné des résultats d'une similarité monotone, montrant que dans la science et la recherche, dans le transport, l'agriculture, le logement et la promotion industrielle, les politiques fédérales ont constamment eu des effets surtout négatifs pour le Québec. Par exemple, concrètement, le coût du transport d'une tonne de papier de Donnacona, au Québec, à New York, soit une distance de 540 milles, est d'environ $31. Le coût de transport d'une autre tonne de papier, semblable, de Thorold, en Ontario, à Chicago, soit 500 milles, est d'environ $15, la moitié moins. Il s'agit de tarifs de transport, et vous savez qui les fixe. Ne doutez jamais que vous avez la balance du pouvoir.

2) And speaking of population — while the inequities I just mentioned and many others are built into the economic way of doing things in the system, as it is, census after census keeps repeating that as a minority people, our numbers are becoming less significant, especially in relative political clout. The

2. À propos de population: tandis que les injustices que je viens de mentionner, et bien d'autres, sont intégrées au fonctionnement du système économique, les recensements successifs montrent que notre nombre, comme peuple minoritaire, devient de moins en moins significatif, surtout

May '79 election made that brutally clear and I don't reckon even if we should put our federal eggs even more in the same basket this time around, supposing that were possible, that it would enhance our bargaining power by a bit.

du point de vue de la force de frappe politique. Les élections de mai 79 ont jeté une lumière brutale sur ce phénomène et je ne m'attends pas, même si nous devions mettre encore davantage tous nos oeufs fédéraux dans le même panier cette fois-ci, que cela accroisse le moindrement notre pouvoir de négociation.

I could go on and on, repeating the old tired list of required corrections to a system which, from the point of view of the national society we constitute in Québec, too often still adds insult to injury. Sufficient to say, that so far as such corrections are concerned, no progress of any significance has been made concretely over the years. And in the same federal context, with the prevailing mood outside Québec, none is to be seriously expected.

Je pourrais poursuivre indéfiniment et répéter la vieille liste usée des réformes requises à un système qui, du point de vue de la société nationale que nous formons au Québec, continue trop souvent de porter l'injure à son comble. Qu'il suffise de dire qu'en ce qui regarde ces réformes, il n'y a pas eu de progrès concrets et significatifs au fil des années. Du reste, dans le même contexte fédéral, avec le climat actuel à l'extérieur du Québec, il ne faut pas sérieusement en attendre.

Now, among the reasons for what I call the prevailing mood, there are two that can be identified because they stare us in the face and they have been well documented:

Parmi les raisons de ce que j'appelle le climat actuel, il y en a deux qui sont identifiables parce qu'elles sont évidentes et bien documentées.

1. According to the Pépin-Robarts Report (you know, the last major

1. Selon le rapport Pepin-Robarts (vous savez, la dernière grande psychanalyse de la situation canadienne, qui

psychoanalysis of the Canadian situation, going on for a year and a half), Canadians outside Québec don't seem to be aware or refuse to be aware (their God-given right) of the existence of a political crisis inside the Canadian institutions. If this is true, how can anyone expect them to press their government or governments for significant constitutional change?

s'est poursuivie pendant un an et demi), les Canadiens à l'extérieur du Québec ne semblent pas conscients, ou refusent d'être conscients (c'est leur droit le plus strict) de l'existence d'une crise politique à l'extérieur des institutions canadiennes. Si c'est vrai, comment peut-on s'attendre à ce qu'ils pressent leur gouvernement, ou leurs gouvernements, d'amener des changements institutionnels majeurs?

2. In fact, a majority of Canadians outside Québec, especially in Ontario, don't question the federal system because they simply agree with all or certainly most of its basic arrangements. For many Canadians outside Québec, that means a centralized system and a stronger, never weaker, central government. In that regard, the report recently published by the Council for Canadian Unity, following meetings in different cities in Ontario, and entitled *Outlook Ontario 1979,* is very revealing. The first chapter of that report deals with "The Mood in Ontario" vis-à-vis the division of powers in the Constitution and the mood is described as follows:

2. En fait, une majorité de Canadiens à l'extérieur du Québec, particulièrement en Ontario, ne remettent pas en question le système fédéral simplement parce qu'ils sont d'accord avec tous, ou la plupart, de ses principes de base. Pour beaucoup de Canadiens à l'extérieur du Québec, cela veut dire un système centralisé et un gouvernement central plus fort, jamais plus faible. À cet égard, le rapport publié récemment par le Conseil de l'unité canadienne à la suite de rencontres dans diverses villes de l'Ontario, est très révélateur. Le premier chapitre traite du «climat en Ontario» à l'égard du partage des pouvoirs dans la constitution, et ce climat est décrit comme suit:

... there was a wide consensus in the discussions that it is over-decentralization rather than over-centralization that is one of the real dangers confronting Canada today.

And further:

.. the overall emphasis in the discussions was on the need to protect the central government in its power to make decisions for the country as a whole.

Now, this would mean that a great many Ontarians don't feel the need to change the BNA Act, in spite of a lot of verbal output, except towards more centralization, which is the absolute contrary to the desire of a clear majority of Quebecers, whatever their parties, looking for a much more decentralized system. This takes us right back to square one, but in very different circumstances 113 years later, right back to the basic misunderstanding on which the Canadian federation was literally founded.

...un large consensus s'est dégagé dans les discussions selon lequel c'est un excès de décentralisation, plutôt que de centralisation qui est un des vrais dangers auxquels le Canada fait face en ce moment.

Et plus loin: *...en général on a mis l'accent dans les discussions sur la nécessité de protéger le pouvoir qu'a le gouvernement central de prendre des décisions touchant l'ensemble du pays.*

Cela indique qu'un grand nombre d'Ontariens ne sentent pas le besoin de changer l'AANB, malgré tout le verbiage, sauf dans le sens d'une plus grande centralisation, ce qui est le contraire absolu des désirs d'une nette majorité de Québécois qui, quels que soient leurs choix partisans, recherchent un système beaucoup plus décentralisé.

Cela nous ramène au point de départ, quoique les circonstances aient beaucoup changé en cent treize ans, au malentendu du départ qui est presque la pierre angulaire de la confédération.

You see, for Ontario especially, and English Canadians generally, the federal system was something that was to provide for a strong, even if possible, a quasi-unitary central government and a chance for what was then called and is still there, "nation building", in the traditional English-speaking sense of the word. While at the other extreme, for French Québec, the federal system was supposed to provide minimum security in order to survive as a cultural and linguistic identity and also a permanent chance for more and more autonomy. In other words, less and less centralization.

Voyez-vous, pour l'Ontario en particulier et pour les Canadiens anglais en général, le système fédéral devait fournir un gouvernement central fort et même presque unitaire si possible, en même temps que la possibilité de «bâtir une nation», dans le sens traditionnel qu'a cette expression en anglais. Tandis qu'à l'autre extrême, pour le Québec français, le système fédéral devait assurer le minimum de sécurité qui lui permette de survivre comme entité culturelle et linguistique en même temps que lui donner une possibilité permanente d'accroître constamment son autonomie. En d'autres mots, une centralisation décroissante.

Now, with recent developments, this brings us to the third basic reason of the constitutional deadlock and that has been well expressed by many scholars of solid reputation, but unfortunately of rather weak political following! And I will just take one very clear, rather eloquent and recent example, in '79, in an article on the so-called Unity Debate. Milton Moore, of the Department of Economics of the U.B.C., was writing this:

Pour en venir à l'histoire récente, regardons la troisième raison de l'impasse constitutionnelle. Elle a été bien exprimée par des intellectuels réputés, même s'ils ont peu d'effets sur la politique, et j'en citerai un exemple clair, éloquent et récent, un article publié en 79 par Milton Moore, du département d'économique de l'université de la Colombie-Britannique. Voici ce qu'il écrivait:

The only alternative to independence so far proffered to The Québecois has been that they adopt all of Canada as their bilingual homeland in lieu of Québec as their unilingual French-speaking homeland. From the outset that offer suffered from two fatal defects. The consent of the electorate in the English-speaking provinces will never be granted. The aspirations of the Québecois will not be satisfied until they have secured Québec as their homeland for themselves alone.

It is conceivable that the language problem could be resolved by a restructuring of the federation on the Swiss pattern, with Québec unilingual French, New Brunswick divided into French and English-speaking regions, the other provinces unilingual English-speaking and the federal government bilingual only in the national capital. But that arrangement would resolve only the language problem. To realize their aspirations, the Québecois must win full control over

La seule solution de rechange à l'indépendance offerte jusqu'ici aux Québécois, c'est qu'ils adoptent tout le Canada comme leur patrie bilingue au lieu du Québec comme leur patrie unilingue. Au départ, cette offre a deux défauts majeurs. L'électorat dans les provinces anglaises ne consentira jamais à l'accorder. Les aspirations des Québécois ne seront jamais satisfaites tant qu'ils n'auront pas fait du Québec leur seule patrie.

On peut concevoir que le problème de la langue pourrait être résolu en restructurant la fédération selon le modèle suisse, le Québec étant unilingue français, le Nouveau-Brunswick divisé en régions anglaises et françaises, les autres provinces étant unilingues anglaises, et le gouvernement fédéral étant bilingue seulement dans la capitale nationale. Mais cet arrangement ne résoudrait que le problème de la langue. Pour réaliser leurs aspirations, les Québécois doivent gagner la maîtrise totale de la langue, de la culture, du développement

language, culture, economic development and certain international relations.

Well, neither do I believe nor will never believe in any kind of culture that becomes a sort of ghetto-wise museum piece that doesn't have a foundation in economics, in some control over your destiny and your development. Otherwise, it is no use holding on to a language, but that means not holding on to your identity. Which to me confirms the absolute basic necessity of that statement of Moore's: *To realize their aspirations, the Québecois must win full control over language, culture, economic development and certain international relations. This cannot be achieved by the granting of special status because it would be unacceptable to others that Members of Parliament for Québec participate in the formulation of policies in these areas. It is arguable that the interests of all parties would be better served by the extreme version of sovereignty-association originally proposed by the Parti Québécois*, says Moore.

économique et de certaines relations internationales.

Je dois dire que je ne crois pas et ne croirai jamais en aucune culture qui devient une sorte de pièce de musée reléguée à un ghetto et sans fondement dans l'économie, dans une forme de contrôle de sa destinée et de son développement. Autrement, il est inutile de s'accrocher à une langue mais cela signifie abandonner son identité. C'est ce qui me confirme la nécessité fondamentale et absolue de ce que dit Moore: *Pour réaliser leurs aspirations, les Québécois doivent gagner la maîtrise totale de la langue, de la culture, du développement économique et de certaines relations internationales. Ceci ne peut être atteint,* poursuit Moore, *en accordant un statut particulier parce que les autres ne pourraient accepter que les députés fédéraux du Québec participent à l'élaboration des politiques dans ces secteurs. On peut soutenir que les intérêts de toutes les parties seraient mieux servis par le modèle*

Now, if I may just bring in for a moment a second and formerly quite affirmative voice, this one from way back in 1971, after the abortion of the Victoria Conference, *What just happened,* this one was then saying *goes to show how real and fundamental is the existence in Canada of not one, but two nations, and true discussion will begin only when English Canada finally admits that no miracle man will be able to deliver Québec on any kind of silver platter...* Now this second authority was, at that time, a prominent Montréal editorial writer, by the name of Claude Ryan. How close he has come in the intervening years and especially in recent times to sounding a bit like the miracle man he was deriding nine years ago, I'll leave that for you to judge. But one thing is for sure, the worst that could probably happen and that, in a nutshell, is the Québec Provincial Liberal outlook recently made public, is to pay lip-service to duality and then forget all about it when designing institutions. One cannot say at the same time, which they have just done, Québec is a distinct society or there are two founding peoples in this country, and then go about restricting this duality to the

extrême de souveraineté-association que le Parti québécois proposait au départ.

Et si je peux me permettre de faire entendre un instant une autre voix qui s'affirmait naguère fortement, une voix de 1971, après l'avortement de la conférence de Victoria:

> *...Combien réelle et fondamentale est l'existence au Canada non pas d'une seule, mais de deux nations... Lorsque le Canada anglais voudra admettre qu'il ne saurait exister d'homme-miracle capable de lui livrer le Québec sur un plateau d'argent, les vraies conversations commenceront.*

Cette deuxième autorité était à l'époque un éminent éditorialiste montréalais du nom de Claude Ryan. Je vous laisse juger à quel point il s'est rapproché depuis et surtout récemment de ce personnage d'homme miracle qu'il ridiculisait il y a neuf ans. Chose certaine, le pire qui puisse arriver, et c'est en somme ce qu'a proposé récemment le Parti libéral du Québec, ce serait de parler de dualité du bout des lèvres pour

membership of a sub-committee of a yet to be created federal council which by itself would be a monstrosity.

Since you cannot have your cake and eat it too, the principle of duality cannot function and will never function in a federal formula with ten provinces. You are either a province or you are something else. And it is my belief that the rest of Canada will never accept a federalism where one province is given any kind of really special status, although the expression is now taboo, while at the same time forcing all provinces and Ottawa to change their basic relationship. Such a contraption may perhaps be helpful very short-term to win elections (and I doubt that — anyway, there is going to be one helluva fight) or to win referendums and that I am sure not, but it is certainly no way to build any viable country.

And if ever the federal formula were to be reformed

ensuite l'oublier dans la conception des institutions. On ne peut pas simultanément dire que le Québec est une société distincte ou qu'il y a deux peuples fondateurs dans ce pays et ensuite restreindre cette dualité à l'appartenance à un sous-comité d'un conseil fédéral inexistant qui serait lui-même monstrueux.

Puisqu'on ne peut pas tout avoir en même temps, le principe de la dualité ne peut fonctionner et ne fonctionnera jamais dans un système fédéral à dix provinces. Soit que vous êtes une province, soit que vous êtes autre chose. Quant à moi, je crois que le reste du Canada n'acceptera jamais un fédéralisme où une province a de quelque manière un véritable statut particulier, même si l'expression est maintenant tabou, tout en forçant toutes les provinces et Ottawa à modifier leurs rapports fondamentaux. Un tel machin peut-être utile à court terme pour gagner des élections — quoique j'en doute, en tous cas il va y avoir une sacrée bataille — ou pour gagner des référendums — et là je suis sûr que non —, mais ce n'est certainement pas la façon de bâtir un pays viable.

Si le système fédéral devait être refait

along some of those lines that have been recently proposed, you know or should know as well as I do, what will happen. If the status of Québec, as a political minority, is once again institutionalized while complicating the system more than ever at the same time, by the same token we would also make recriminations, political blackmail and constant vetoes more than ever a permanent fixture of our affairs. I know there are those for whom the wish is father to the thought, and who think comfortably that first, we will lose the referendum, second, we will lose the election and then the problem will be solved. I know it inspires nice relaxed columns like the one I was reading this morning, for instance, in one of your business pages, on the way in, but with the present state of economics, may I say just by the way, that I don't use business pages as gospel anymore... But what I think is more important is that even if the two happy events that I mentioned came about, pretty soon in actual fact the Québec problem would become more acute than ever before.

And whether we win or not and, if not, very shortly

conformément à ces propositions récentes, vous savez aussi bien que moi ce qui arriverait. Si le statut du Québec comme minorité est de nouveau consacré dans les institutions tout en compliquant le système plus que jamais auparavant, nous ferions plus que jamais des récriminations, du chantage politique et des vétos constants une composante familière et permanente de nos affaires. Je sais qu'il en est dont la pensée est engendrée par leurs désirs et qui se réconfortent à la pensée que, premièrement, nous perdrons le référendum, qu'ensuite nous perdrons les élections, et que le problème sera réglé. De là vient l'inspiration de belles chroniques détendues comme celle que j'ai lue ce matin dans les pages financières d'un de vos journaux, bien que dans l'état actuel de l'économie je ne prenne plus les pages financières pour l'Évangile. Mais ce qui me semble plus important, c'est que si les deux événements heureux que j'ai mentionnés devaient se produire, en réalité le problème québécois deviendrait très rapidement plus aigu que jamais auparavant.

Que nous remportions ou non la victoire, peu de temps

after we have lost, I am truly convinced that the change we propose, Sovereignty-Association will come to be recognized as the only logical, the only politically rational and humanly satisfactory solution to our sort of problem which always gives us a temptation, — the most useless political temptation in political history that you can find — of trying to square the circle. It isn't done. What we call Sovereignty-Association goes by many names throughout the world; it not only recognizes the basic duality which we constitute in Canada, both in theory and in practice, but if you ever come to look at it with something approaching an objective eye or circumstances lead you to it, you will find it surprisingly simple.

As a political proposition, we believe it makes sense, it is workable. I wouldn't go as far as to say it is an offer you can't refuse, but what I would say is that it is a sound proposition, closely tied to the Gordian knot that nobody seems to find a way up to now of untying, and closely tied also to what quite evidently is a rather universal trend. And we belong to the same planet

après notre défaite, je suis sûr que notre proposition de changement, la souveraineté-association, sera reconnue comme la seule solution logique, politiquement rationnelle et humainement satisfaisante à notre type de problème politique, problème qui s'accompagne toujours de la tentation de réaliser la quadrature du cercle, ce qui est la tentation politique la plus inutile de l'histoire. Ça ne se fait pas. Ce que nous appelons la souveraineté-association a divers noms à travers le monde. Non seulement elle reconnaît la dualité fondamentale du Canada, en théorie et en pratique, mais si jamais vous en arrivez à la regarder avec un oeil tant soit peu objectif, ou si les circonstances vous y conduisent, vous verrez qu'elle est étonnamment simple.

Nous croyons qu'en tant que proposition politique, elle est sensée et réalisable. Je n'irais pas jusqu'à dire que c'est une offre que vous ne pouvez refuser, mais je dirais que c'est une proposition valable qui va au coeur du noeud gordien que personne jusqu'ici n'a semblé trouver le moyen de dénouer et qu'elle est aussi très liée à une tendance de toute évidence

as others. It preserves also what is essential about the idea of Canada: a common economic space, the free movement of ideas, of people, of capital, even of profits, a transportation system and whenever agreable to both parties, many additional joint ventures. Do we really need more for each of our societies to develop according to their respective and specific outlooks?

universelle. Car enfin, nous appartenons à la même planète que les autres. Notre formule préserve aussi ce qui est essentiel dans l'idée du Canada: un espace économique commun, la libre circulation des idées, des personnes, du capital et même des projets, un système de transport commun et toute autre entreprise commune que les deux parties jugeraient acceptable. Avons-nous besoin de beaucoup plus que cela pour que chacune de nos deux sociétés se développent selon leurs perspectives propres et distinctes?

Anyway, some time late spring, the people of Québec will be asked to give us a clear mandate to negotiate a new partnership; not rupture, a new partnership. If rupture should come, that would come because the basic staunchly democratic texture of both our societies couldn't stand the pressure of change. For the moment, what we are talking about from the heart and from the mind because we only have to look at the map in our entertwined realities to know it is required on both sides, is a new partnership with the rest of Canada.

En tout cas, vers la fin du printemps, le peuple québécois sera appelé à nous donner un mandat clair de négocier un nouveau *partnership,* non pas une rupture, mais un nouveau *partnership*. Si la rupture devait venir, ce serait parce que le tissu fondamentalement démocratique de nos deux sociétés n'aurait pas pu soutenir la pression du changement. Pour l'instant, ce dont nous parlons avec nos coeurs et nos intelligences, parce que nous n'avons qu'à regarder la carte de nos réalités interreliées pour savoir que c'est ce qu'il faut des deux côtés, c'est d'un nouveau *partnership* avec le reste du Canada.

A few weeks back, we made the proposed question for next spring public.

If a majority of Québecers, which is 50% plus one, but hopefully it would be more than that, answer *yes* to that question, we will be ready to discuss our proposals with our eventual interlocutors. And I think it would be a chance, since we are democratic on both sides and and the way to change in a democratic set-up is through votes, I honestly believe the only real chance to stop muddling through, with everdeminishing returns, while we know there is a crisis and it is hurting our institutions and making them less and less productive — a chance for a new start in mutual respect and something we never had, a chance for aiming at the kind of understanding that has to be nurtured between equals and then is the only foundation for real friendship.

Il y a quelques semaines nous avons rendu public le projet de question pour le printemps prochain. Si la majorité des Québécois, c'est-à-dire 50% plus un — mais nous espérons que ce sera davantage — répondent «oui» à cette question, nous serons prêts à discuter de notre proposition avec nos éventuels interlocuteurs. Et je crois, puisque nous sommes démocratiques des deux côtés et que le vote est la manière d'amener des changements démocratiques, qu'il y a une possibilité, je crois même honnêtement la seule possibilité, de sortir du fouillis où nous pataugeons.
Je crois à la possibilité d'un nouveau départ dans le respect mutuel et à quelque chose que nous n'avons jamais eu: la possibilité de viser la sorte de compréhension qui se développe entre égaux et qui est le seul fondement d'une véritable amitié.

And I hope you will believe me — I have no illusions about convincing many people here today. I just came here with simply an

J'espère que vous me croirez — je n'ai pas l'illusion de pouvoir convaincre beaucoup de gens ici aujourd'hui —, je suis venu ici tout simplement à cause de ma foi inébranlable en la possibilité que les esprits s'ouvrent, timidement ou un peu plus hardiment, des deux

abiding faith in the possibility of minds opening narrowly or a bit wider, on both sides, to the promises of a new — but it has to be new — a new joint future.

côtés, aux promesses d'un avenir nouveau, mais cet avenir il doit être nouveau, et conjoint.

22
L'économie ne doit plus être l'affaire des autres

Discours prononcé le 12 février 1980, devant les membres de la Chambre de Commerce de Montréal.

(...) Le choix d'un cadre politique constituera toujours un moyen — déterminant certes — mais un moyen par lequel nous pourrons réaliser le mieux possible nos objectifs communs. Aujourd'hui, j'aimerais aborder brièvement, à cette tribune particulièrement indiquée, la question fondamentale de l'aspect économique de cet avenir collectif.

Cet aspect est fondamental, parce qu'aucune société ne peut aspirer à une vie politique aussi affranchie que possible sans s'appuyer sur des assises économiques solides. Or, le Québec des années 80 devra, plus que jamais, investir un maximum d'énergie dans un monde difficile pour atteindre une économie moderne et dynamique. Même si les progrès observés au cours des vingt ou trente dernières années ont été dans certains cas spectaculaires et même si la situation actuelle est loin d'être mauvaise, comme le voudraient des oiseaux de malheur, il n'en reste pas moins que nous partons de loin et que beaucoup de chemin reste à faire du côté de la croissance et de la reprise en main de notre économie.

Avant de tracer des perspectives et d'esquisser un peu les diverses approches, j'aimerais faire un rapide survol de l'évolution de notre économie depuis trois ans, et ceci avec une espèce de plaisir malin, surtout à cette tribune.

Notre performance

Lorsque nous sommes arrivés au pouvoir en 1976, la situation économique était en train de se détériorer très rapidement: le taux de chômage venait de passer en quelques mois de 7,9% à 10,1%. Le nombre de chômeurs s'était accru en dix mois de 67 000 et aucun programme de redressement n'avait été prévu, sauf les prévisions de chômage qui devait s'élever à plus de 12% pour 1977. Or, sauf cette année 77, héritage du passé, au cours des années 78 et 79, la création de 125 000 nouveaux emplois (deux fois plus que durant les deux dernières années qui ont précédé 1976) particulièrement dans le secteur manufacturier, a permis de réduire le taux de chômage de 10,9% en 1978 à 9,7% en 1979, ce qui est énorme dans la conjoncture actuelle. Ce qui a permis au *Financial Times*, qui n'est d'aucune façon subventionné par le gouvernement du Parti québécois, d'écrire dans un éditorial le 3 décembre dernier: *It is a fact that the Québec economy has grown faster than the Ontario economy in the past three years since the November 1976 election victory of the Parti Québécois.*

Au chapitre de la croissance générale, cette tendance des deux dernières années nous permet d'espérer à tout le moins une situation relativement satisfaisante dans l'avenir immédiat. Tout comme en 1978 et 1979, alors que le Québec a affiché une croissance supérieure à celle de l'Ontario et à la moyenne canadienne, la valorisation des matières premières — notamment dans le secteur minier —, la croissance soutenue du prix de nos produits d'exportation dans les secteurs des pâtes et papiers et de l'aluminium, et un développement croissant des productions agricoles devraient assurer au Québec un niveau d'activité économique plutôt encourageant, dans une conjoncture qui, à l'intérieur du Canada, en Amérique du Nord et à l'échelle internationale, n'est pas des plus brillantes. On est donc très loin de la catastrophe appréhendée par certains en 1976! Alors que tout le monde devait s'enfuir la semaine d'après et que le ciel québécois — du moins celui de Montréal — résonnait des lamentations d'une foule de Cassandre plus ou moins objectives...

Après donc ces deux années, nos entreprises devraient maintenir une croissance acceptable de leurs investissements, notamment en raison de leurs livraisons record à l'étranger, des dépenses d'immobilisation dans les grands travaux hydroélectriques et du maintien de la forte poussée du secteur manufacturier. Ces investissements se sont accrus de plus de 36% en 1978 et 1979, alors qu'on observait chez nos voisins ontariens une stagnation à peu près complète.

Bâtir le Québec

Plusieurs de ces facteurs favorables devraient continuer à jouer au cours des prochaines années. Et puis, aussi, d'autres éléments encore plus déterminants apparaissent déjà. Nos rivières produiront *en 1985* quelque 25 000 megawatts d'énergie électrique, production qui nécessiterait en énergie thermique classique environ 700 000 barils de pétrole par jour, soit plus que la consommation québécoise actuelle dans ce domaine. À mesure que les travaux se poursuivront dans le nord du Québec, cette production sera éventuellement doublée. Cette abondante énergie renouvelable et largement disponible à des fins industrielles sera accessible à des conditions de prix et avec des garanties de fourniture inégalées en Occident. D'autres avantages naturels, notamment dans le secteur minier et celui des forêts, ne manqueront pas d'être rentabilisés sans cesse davantage par la rareté croissante de ces ressources à l'échelle mondiale. À condition d'en avoir les moyens, tout doit être tenté pour réaliser de façon convenable la stratégie de développement économique que nous avons mise au point dans *Bâtir le Québec*, perspective rationnelle, nous semble-t-il, dont l'axe fondamental consiste justement à maximiser nos atouts naturels et leurs retombées.

L'action du Gouvernement

J'ajoute que le gouvernement ne s'est pas contenté de définir des objectifs et une stratégie de développement pour les années 80. Dès 1977, il a mis en oeuvre un programme de redressement économique dont je me contenterai de rappeler les éléments les plus importants: deux sommets socio-économiques et de multiples sommets sectoriels qui nous ont permis de situer nos problèmes, de dialoguer et de trouver des points de rencontre; un programme OSE qui a permis de créer ou de soutenir 25 000 emplois jusqu'à maintenant; la mise sur pied des SODEQ; le crédit forestier et la modernisation, attendue depuis dix ans, de l'industrie des pâtes et papiers; la création de la Société nationale de l'amiante qui a de nombreux projets de transformation déjà en marche; le crédit touristique et l'abolition de la taxe sur les chambres d'hôtel; un programme plus consistant et articulé de développement des productions de céréales et de bovins, l'essor fulgurant de SOQUIA et enfin la protection des terres agricoles — afin d'assurer, dans un monde où la question alimentaire va devenir encore plus centrale que celle de l'énergie, l'avenir agro-alimentaire du Québec.

Le dynamisme du secteur privé

Bien sûr, les résultats fort encourageants de l'économie québécoise depuis deux ans ne sont pas uniquement ni même d'abord le fruit de l'action gouvernementale. Ils sont aussi et surtout la conséquence du dynamisme croissant du milieu d'affaires québécois. Ainsi, les 32 000 emplois créés en 1979 dans le secteur manufacturier en sont une preuve éloquente: c'est le meilleur résultat depuis qu'on a commencé à compiler ces statistiques. Or, le secteur manufacturier est justement celui où l'État est le moins présent! Sauf, ce qui est non seulement normal mais indispensable, par ses mesures et instruments de soutien et de promotion parmi lesquels, au coeur même de ce qui se passe, se trouve la SDI.

Eh bien, récemment, le président de la Société de développement industriel nous apprenait que le nombre de projets qui lui passait sous les yeux atteignait des sommets sans précédents. Si bien qu'après les neuf premiers mois seulement de l'exercice en cours, le nombre des engagements pris par la société et les sommes engagées dépassent déjà nettement ceux des douze mois précédents.

L'augmentation pour l'année financière en cours sera de plus de 40% pour les sommes engagées par la SDI et les investissements liés à ces engagements seront d'environ 70% plus élevés qu'au cours de l'année précédente. Ce qui signifie que nos hommes d'affaires deviennent de plus en plus entreprenants et l'on n'a qu'à se rendre dans certains des coins les plus dynamiques (ils sont de plus en plus nombreux) du Québec pour le constater.

À témoin, la déclaration du vice-président exécutif de la Chambre de Commerce du Québec, monsieur Jean-Paul Létourneau, qui, commentant ce phénomène de hausse, disait s'étonner des prévisions pessimistes des derniers mois:

À Montréal, il est vrai, nous avons l'habitude d'être pessimistes et moroses face au climat économique. Tout le monde entend dire que ça va mal. Il suffit que l'on prophétise une crise pour qu'elle se produise. Mais en faisant le tour des industriels et de toutes les régions du Québec, vous constatez qu'ils commencent par se plaindre amèrement des conditions générales de l'économie. Mais, si vous leur demandez comment vont les affaires, la réponse est invariable, du moins au cours des derniers mois, elles vont très bien.

Les défis des années 80

Donc, tout ne va pas si mal au Québec. Comme le disait Daniel Johnson: «Quand je me regarde je me désole, mais quand je me compare je me console.» Chacun sent cependant que nous sommes loin d'avoir développé notre potentiel au maximum. Situés au coeur de l'Occident industrialisé, entourés de riches marchés et d'un environnement nord-américain qui demeure l'un des plus stimulants, nous avons la chance d'être remarquablement bien placés. Mais jusqu'à présent, ça n'a pas donné les résultats auxquels nous serions en droit de prétendre.

Notre PIB par habitant nous place au quatorzième rang dans le monde; mais par contre, il demeure inférieur de 11% au PIB de l'ensemble canadien qui se situe quant à lui au onzième rang — loin du troisième ou quatrième barreau que le Canada occupait il y a une dizaines d'années: ou bien le Canada ralentit ou d'autres ont trouvé la recette pour aller plus vite que lui. Par ailleurs, le taux de chômage au Québec demeure inacceptable, à un niveau beaucoup plus élevé que celui de notre voisin immédiat, l'Ontario, et toujours supérieur à la moyenne canadienne.

En fait, comme notre société vient à peine d'atteindre sa «maturité psychologique» en matière d'économie, il y a encore bon nombre de Québécois, hélas, qui pensent que le développement ne peut venir que de l'extérieur, que nous ne sommes ni assez riches ni assez nombreux pour nous débrouiller nous-mêmes, que notre sort dépendra perpétuellement de la grande entreprise multinationale, et surtout que les pouvoirs de nature économique ne sont pas importants et qu'on peut les laisser à d'autres.

Alors qu'en réalité, la règle universelle — on n'y échappera pas —, c'est que toute société doit être la première responsable de son développement.

Nous sommes donc fermement convaincus quant à nous qu'il va falloir plus que jamais axer notre développement économique sur notre potentiel et nos avantages comparés. Il nous faudra rivaliser avec d'autres dans un contexte d'économie ouverte et de forte, sinon de «sauvage» concurrence internationale. Notre succès économique dépendra largement de nos propres initiatives et des moyens dont nous disposerons, car rien ne serait plus stérile que de nous enfermer dans cette vieille illusion que certains cherchent désespérément à entretenir, celle qui voudrait que les autres, ailleurs, se chargent d'assurer au Québec une croissance soutenue. Et cela vaut autant pour les agents privés que pour les agents publics du développement économique.

La création d'emplois

Autrement dit, quel que soit le statut politique du Québec, nous aurons à assumer un certain nombre de contraintes qui constitueront autant de défis à relever. Pour les quatre ou cinq prochaines années, le premier de ces défis demeurera celui de l'emploi. De 60 000 à 70 000 nouveaux travailleurs continueront chaque année d'ici 1985 à venir grossir les rangs de la main-d'oeuvre. Une telle croissance d'effectifs est non seulement spectaculaire, mais à toutes fins utiles unique en son genre lorsqu'on considère que ces taux d'augmentation de l'ordre de 2% à 2,5% annuellement représentent le double sinon le triple de ceux que connaissent la plupart des pays industrialisés. C'est à la fois une richesse et tout un défi.

Et d'autre part, à plus court terme, la conjoncture continentale s'annonce peu dynamique, c'est le moins qu'on puisse dire. On prévoit une croissance négative de près de 2% aux États-Unis pour l'année qui commence, ce qui pourrait réduire quelque peu nos exportations sur leurs marchés. Et au Canada, des taux d'intérêt persistant à des niveaux élevés continueront sans doute à freiner la croissance générale.

De plus, les dépenses publiques du gouvernement central connaîtront — quel que soit le gouvernement élu la semaine prochaine — une croissance modérée. Le Québec a peu de chances, dans un pareil contexte, de voir corriger le déséquilibre existant dans les dépenses fédérales créatrices d'emplois. Comme ce fut le cas au cours des dernières années, aucun projet fédéral d'envergure ne se dessine nulle part au Québec. Ce n'est donc pas de ce côté qu'il faut attendre quelque impulsion vigoureuse susceptible d'épauler une croissance soutenue de l'économie québécoise — et de corriger ce qu'il faut bien appeler l'injustice flagrante, traditionnelle, des répartitions originaires d'Ottawa.

Préserver notre identité

Or, notre besoin de développement ne peut pas être assimilé à une quelconque aspiration régionale. Pour une raison bien simple: nous sommes une société différente et nous devons générer chez nous les emplois qui nous permettront de gagner notre vie en conservant notre identité. Le travailleur des Maritimes peut aller se trouver du travail à Toronto ou celui de Toronto à Calgary. Il devra accepter un certain déracinement, mais se retrouvera quand même, ensuite, en milieu culturel et linguistique familier. Pour le Québécois francophone, c'est une tout autre histoire. Le déracinement est d'une autre nature et le coût psychologique beaucoup plus élevé. Par ailleurs, tout départ de Québécois entraîne un affaiblissement du Québec, ce qui accentue davantage notre degré de dépendance et de minorité.

Ce qui devrait nous souligner à quel point l'intérêt fondamental du Québec pour son développement est spécifique — pas comme les autres — et tout spécialement pas comme celui de l'Ontario.

Un nouvel équilibre

Tout récemment, par exemple, le ministre des Affaires intergouvernementales de l'Ontario affirmait de façon catégorique la nécessité de laisser à Ottawa tous les grands pouvoirs dans le domaine économique. La querelle récente avec l'Alberta au sujet du prix du pétrole a montré à quel point il est dans l'intérêt de l'Ontario que le gouvernement central garde toute l'autorité et l'initiative de ces matières et en ait même davantage dans les secteurs stratégiques de l'économie.

D'autre part, il y a quelques jours, un des chefs des partis fédéraux — qui s'attardent souvent dans la province voisine par les temps qui courent — proclamait que la prospérité canadienne repose surtout sur une Ontario économiquement forte. Ces deux déclarations admirablement complémentaires illustrent fort bien ce qu'on appelle en anglais le *family compact*. D'ailleurs, cela n'a rien d'étonnant puisque la prospérité, qui campe plus à l'ouest ces années-ci, s'est mise à bouder l'Ontario qui éprouve bien des difficultés à amortir le choc. Dans une perspective anglo-canadienne, pareils soucis se justifient donc indiscutablement. Mais où est le Québec dans tout ça? Comment ne pas reconnaître que, pour le Québec, c'est une autre dynamique qui joue? Si, dans un contexte qui favorise l'Ouest et son pétrole, le grand réflexe est de se servir comme jamais des leviers fédéraux pour renforcer l'Ontario, ne faut-il pas admettre que le Québec, lui, va encore devoir se contenter des miettes? Autant l'Ontario a toutes les raisons du monde de tenir au système actuel aussi peu changé que possible, autant le Québec est justifié de rechercher un nouveau mode de fonctionnement qui rentabilise enfin pour les Québécois la communauté qu'ils forment avec les Canadiens des autres provinces.

Un nouveau partage

Je ne dis pas que le Québec n'a pas bénéficié de retombées provenant de l'existence de l'espace économique canadien. Mais ce que nous contestons, c'est le partage de ces avantages qui ont surtout pris pour nous jusqu'ici la forme de paiements de péréquation et de versements d'assurance-chômage. Le Québec est un peu traité à cet égard en assisté social. Les dépenses fédérales créatrices d'emploi, concentrées dans les provinces anglophones, sont systématiquement inférieures, au Québec, non seulement à notre part de la population canadienne, mais même à la proportion des impôts que nous versons au trésor fédéral. Il faut bien reconnaître à cet égard que le gouvernement central a essuyé dans ses velléités de correction un échec flagrant — les piètres résultats du MEER en témoignent abondamment. Ottawa n'a pas réussi à créer au Québec les activités économiques et le développement «régional» dont on nous fait sans cesse miroiter l'avènement toujours prochain.

L'allégation souvent entendue selon laquelle le Québec a reçu ou reçoit plus que sa juste part du surplus de l'union économique du Canada n'est tout simplement pas supportée par des faits vérifiables. Les Québécois doivent payer l'union économique d'un prix social et politique élevé.

(Commission Pépin-Robarts)

Certes, les politiques économiques fédérales n'ont pas toutes défavorisé le Québec. Mais qu'il s'agisse de développement industriel ou agricole, d'énergie, de transport, de fiscalité, il y a peu de mesures décidées par Ottawa qui l'ont été en fonction des besoins spécifiques de l'économie québécoise. Vous reconnaîtrez par contre — ou alors vous refusez de voir ce qui saute aux yeux — que les intérêts ontariens ont toujours été au premier plan des préoccupations d'Ottawa.

Regardons juste en passant les politiques fédérales sectorielles: quelle province a tiré le plus de bénéfices du pacte de l'automobile depuis 1965? 200 000 emplois et plus créés en Ontario, plus ou moins zéro au Québec.

Quelle province a tiré le plus de bénéfices des développements récents de l'industrie canadienne des chantiers maritimes? Chez nous, Sorel périclite de semaine en semaine, de mois en mois et tout récemment des contrats de 60 et 40 millions sont allés en Ontario et ailleurs, à l'ouest de l'Ontario.

De nouvelles politiques en matière d'habitation et d'aide au logement par la SCHL? Sur 15 ans, c'est surtout l'Ontario qui a profité des fonds et tout récemment quand on a bâti un projet de nouvelle politique en matière d'habitation — le crédit sur l'intérêt hypothécaire — on s'est arrangé justement pour qu'à peine 17% des sommes viennent au Québec parce qu'on a moins de propriétaires ici.

D'autre part, qui, du fédéral ou du Québec, proposait la meilleure formule de réduction de la taxe de vente pour le bénéfice de l'industrie dans les secteurs traditionnels, les secteurs fragiles? On a été obligé de se battre pour appliquer une politique qui finalement a maintenu de l'emploi et en a créé, ce qui nous a permis en même temps de rejoindre les besoins sociaux, et non pas des Cadillac importées dans lesquelles il n'y a pas un emploi et sur lesquelles on nous proposait comme sur le reste de réduire la taxe de vente de 3%. Finalement cela a coûté 185 millions cette année-là au trésor québécois et on a distribué bêtement, stupidement, des chèques de $85 que tout le monde avait oubliés trois semaines après. Je le répète, les paiements d'assistance collective ne remplaceront jamais les politiques de développement économique.

Un économiste, monsieur Pierre Fortin, disait ceci il y a peu de temps: *Il faut se rendre compte que la stratégie fédérale de développement industriel a pu créer des distorsions sérieuses dans les patterns régionaux de croissance économique et qu'elle a aidé à transformer le Québec en assisté social plutôt qu'en une économie génératrice de son propre développement.*

Les Québécois, surtout depuis une vingtaine d'années, ont vigoureusement réagi et tenté de remédier, en partie, à cette situation. Nos entrepreneurs privés ont fait leur part et affichent présentement un dynamisme sans cesse croissant. L'État a aussi fait sa part en se dotant d'outils de développement publics ou mixtes qui très souvent doublent des organismes fédéraux qui n'ont jamais été très actifs chez nous.

À Québec et Ottawa, les mêmes moyens

C'est ainsi que dans plusieurs domaines, des institutions ou des politiques économiques québécoises ont généré au Québec des effets autrement plus impressionnants et productifs — et souvent avec des ressources moindres — que leur équivalent fédéral. Il faut comparer pour se rendre à l'évidence que nos investissements collectifs sont souvent plus rentables pour notre économie lorsqu'ils se font par le canal québécois que lorsqu'ils proviennent des institutions fédérales. Posons-nous sérieusement les questions suivantes: toutes proportions gardées quant à l'ampleur des sommes investies dans les deux cas à même nos impôts, quelle entreprise de la SGF ou de la CDC a le plus contribué au développement de l'industrie manufacturière québécoise? Même chose pour la SDI et ses équivalents fédéraux. Quelle entreprise, d'Hydro-Québec ou de Pétro-Can, a le plus généré de bénéfices économiques au Québec? Quelle entreprise, de SOQUEM ou d'Eldorado Mining, a le plus profité au développement des ressources minérales québécoises?

Quant à la qualité de la gestion des affaires publiques, y a-t-il là encore quelque chose qui permette de soutenir que la saine administration de nos impôts peut être mieux assurée au palier fédéral? Là aussi le Québec dispose de la compétence que plusieurs — assez bizarrement d'ailleurs — s'efforcent encore d'identifier exclusivement à un palier qui ne cesse de patauger en économie depuis quelques années. Comment en effet peut-on raisonnablement expliquer que le gouvernement central génère — avec une population et des dépenses dix fois inférieures à celles des États-Unis — un déficit de près de $12 milliards assez spectaculairement identique à celui du gouvernement de 230 millions d'Américains?

Par rapport à une telle performance, la gestion québécoise des deniers publics constitue — à n'en point douter — un modèle d'efficacité et de «saine retenue».

Bref, pour quiconque est capable d'enlever les oeillères du statu quo et de la peur classique du changement, il apparaît évident que trop de leviers économiques et fiscaux relèvent d'un gouvernement central qui est fort loin des priorités essentielles du Québec; trop de nos projets de développement sont constamment délaissés au profit de ceux des autres dans une perspective de développement pan-canadienne: ça passe couramment du sel des Iles-de-la-Madeleine à la recherche pétrolière, à l'industrie de transformation de l'amiante, etc...

Et tout ça — pour revenir au point de départ —, au moment où les défis économiques des années 80 nous obligent à consacrer le maximum d'efforts à un développement à la fois équilibré et accéléré. Or, les ressources fiscales que le Québec peut affecter au secteur économique demeurent largement insuffisantes et ne peuvent être substantiellement accrues dans le cadre des minces marges de manoeuvre provinciales. Alors que les besoins sont aussi pressants que nombreux: il faut développer nos marchés tant externes qu'internes; il faut fournir l'assistance voulue à l'amélioration de la gestion des entreprises; il faut soutenir les projets de modernisation de l'industrie des pâtes et papiers — projets qui dépassent toutes les prévisions et ont franchi le cap des $2 milliards et demi — ; il faut investir les sommes sans cesse croissantes requises pour la diversification de l'agriculture. Il faut mettre à notre service les centaines de millions que représente le manque à dépenser au Québec du palier fédéral, au chapitre des dépenses créatrices d'emplois. Il nous faudrait en somme nous assurer que nos impôts servent prioritairement les intérêts économiques du Québec et que la marge de manoeuvre qui nous échappe largement soit canalisée vers le développement d'un potentiel économique québécois encore largement inexploité.

Au-delà de la stricte question des deniers publics qui sont requis, il nous faudra aussi et surtout disposer de leviers accrus en matière de gestion de l'économie, d'aide à l'industrie, de fiscalité des entreprises et d'investissements publics. Et que tout cela soit conçu en fonction des intérêts, des défis et surtout des atouts du Québec.

Fédéralisme: les grands leviers économiques aux autres

Vous me permettrez ici une courte parenthèse avant de conclure: je ne comprendrai jamais cette contradiction fondamentale de certains de nos adversaires, qui dans un même souffle affirment le plus sérieusement du monde que ce qui importe vraiment pour un peuple ce ne sont pas d'abord les institutions politiques ou les questions sociales, mais bien la réalité terre à terre du développement économique... et qui s'empressent aussitôt de refiler cette importante responsabilité à d'autres.

Il est instructif, à cet égard, d'analyser les propositions constitutionnelles de monsieur Ryan ou plutôt de monsieur Langlois maintenant. Ce qui est remarquable, entre autres choses, c'est non seulement qu'elles viendraient confirmer le statu quo en matière de pouvoirs économiques, mais qu'elles le font ouvertement et sans essayer de se camoufler (alors qu'on tâche au moins de masquer les faiblesses en matière sociale et culturelle). À lire le Livre beige, on a la nette impression qu'il n'est même pas venu à l'esprit de monsieur Ryan (ou Langlois) que le Québec pourrait avoir besoin de maîtriser les principaux leviers de sa vie économique. On sent que pour lui, ou eux, les affaires économiques, ça ne peut vraiment pas être autre chose que les affaires des autres, des affaires trop compliquées où les indigènes ne pourraient faire que du gâchis.

D'ailleurs, à l'intérieur du système fédéral, il est à peu près impossible de penser que les principaux pouvoirs économiques puissent être attribués à un autre gouvernement que le gouvernement central. Et quand on est rivé mordicus au système fédéral, on a logiquement des positions comme celles que défend monsieur Ryan. C'est la règle de toutes fédérations. C'est ce que souhaite le Canada anglais, à commencer par l'Ontario, qui n'accepterait jamais que le gouvernement fédéral perde aucun de ses principaux pouvoirs économiques. C'est pourquoi le Québec ne peut pas espérer récupérer la maîtrise des leviers économiques les plus nécessaires à son fonctionnement et à son progrès en restant dans un système de type fédéral tel que celui que nous avons depuis cent treize ans.

Nouvelle entente: égalité et équilibre

Heureusement, le fédéralisme n'est pas la seule formule qui permette de maintenir une union économique, pas plus entre le Québec et le Canada qu'entre qui que ce soit à travers le monde. Depuis une trentaine d'années, on doit commencer à s'apercevoir qu'une formule plus souple d'association a pris naissance. Une formule plus moderne qui partout dans le monde s'est multipliée: c'est la formule de l'association entre pays souverains comme nous la retrouvons avec la CEE, le Bénélux, le Pacte Andin, le Conseil nordique des pays scandinaves, etc.

Depuis les années 50, en fait, il ne se forme plus de nouvelles fédérations dans le monde. Le fédéralisme, en effet, est une formule rigide, qui exige une intégration politique, sociale et culturelle poussée, où les gouvernements régionaux sont nécessairement subordonnés au gouvernement central et qui s'accommode mal d'une dualité ou d'une multiplicité culturelle. Au contraire, il s'est formé, durant la même période, au moins une dizaine d'associations d'États souverains. Cette formule, en effet, est bien plus flexible et s'adapte beaucoup mieux à la diversité sociale des nations qui veulent s'associer sur le plan économique. Elle a, de plus, l'immense avantage pour des gens qui ont un peu de dignité de remplacer la *subordination* inhérente au système fédéral par *l'égalité de droit* des partenaires.

C'est comme ça qu'est née la souveraineté-association.

Au moment où nous sommes arrivés, en 67, au lancement de ce projet (si vous permettez une modeste réminiscence personnelle), c'était à partir du sentiment, étayé par trop d'exemples, qu'il était impossible, ou qu'il serait de plus en plus malaisé, que notre société continue sur son élan des années 60 et qu'elle puisse l'amplifier constamment, si elle ne s'employait pas à posséder les instruments de sa croissance. C'est comme une vérité mathématique: tu ne te développeras pas si tu ne t'appartiens pas convenablement. Je ressentais ça non pas d'abord du point de vue sociologique ou culturel mais, très pragmatiquement, comme administrateur de la chose publique, comme titulaire du ministère des Richesses naturelles, comme un des artisans de la nationalisation de l'électricité.

Elle existait, cette richesse. Chez nous. On s'est dit: pourquoi pas *pour* nous? Sinon, tu veux bâtir ta maison mais on t'empêche de mettre la main sur les outils et les matériaux. Tu veux faire des lois, parce qu'elles sont nécessaires à l'organisation de tes affaires, et un autre gouvernement a le pouvoir de les défaire. Tu veux te développer, mais on t'en interdit les moyens ou on te les complique au point de t'en dégoûter à l'occasion.

Or, comme il est impérieux que le Québec dispose des moyens qui le rendent capable de donner à son économie la direction et l'impulsion nécessaires à un taux de croissance suffisant pour réduire le chômage et ouvrir des horizons à sa main-d'oeuvre très majoritairement francophone, et comme d'autre part cela ne doit pas empêcher Ottawa de jouer un rôle national identique pour ce qui est du Canada anglais, *il est donc nécessaire de donner au Québec, comme au Canada, les moyens indispensables chacun à son développement économique, culturel et social. C'est la base d'une nouvelle entente* — celle que nous proposons et approfondissons depuis treize ans.

La souveraineté-association concilie mieux cette double exigence que toute la formule de fédéralisme renouvelé qui ne fera que perpétuer en économie encore plus qu'ailleurs le partage déséquilibré d'outils et de ressources fiscales entre deux ordres de gouvernement qui se paralysent ou se stérilisent mutuellement de plus en plus.

Ainsi que nous l'avons écrit dans le Livre blanc, un changement de statut politique pour le Québec ne modifiera pas les lois du commerce. En entrant d'égal à égal dans une nouvelle communauté économique canadienne, le Québec ne s'appauvrira pas, non plus qu'il n'appauvrira le reste du Canada qui possède lui-même de grandes richesses, puisque l'espace économique canadien actuel sera maintenu. Prenant en main sa propre orientation économique, le Québec pourra, au contraire, contribuer plus activement au progrès d'ensemble de la communauté économique.

À cette tâche commune qui n'est pas et ne doit pas être l'affaire d'un parti seulement mais d'abord de tous les Québécois et de tous les Canadiens, je me permets, en terminant, de vous convier à participer vous aussi — en fonction, disons, de l'intensité avec laquelle vous ressentez désormais que le Québec sait faire... et quand on sait faire, il faut faire.

23
Oublier le parti

Allocution improvisée lors du Conseil national du Parti québécois, le 16 février 1980 à Québec.

À partir de la semaine prochaine, plus intensément que jamais, on va entrer dans le climat référendaire. Ce qui veut dire qu'il va falloir travailler très fort, mais sans s'exciter... Et c'est en marche, il y a un courant qui est en train déjà de s'amorcer en vue du référendum. Et ce courant-là, c'est important qu'on en tienne compte dans le parti, ça fait au moins un an et demi, deux ans, qu'on en parle: ce courant-là est fondamentalement non partisan. Il est au-dessus ou au-delà, appelez ça comme vous voudrez, des préoccupations partisanes. J'ai vu d'anciens candidats libéraux, j'ai vu d'anciens députés de l'Union nationale, j'ai vu un ancien ministre, hier, de l'Union nationale, j'ai vu des candidats de toutes les couleurs qui oublient leurs couleurs... des gens qui sont des «influenceurs» de la société et qui, par conséquent, ont dû y penser. Dans certains cas (ils nous l'ont dit franchement), ils ont hésité. Ils avaient une certaine inquiétude, parce qu'on sait à quel point il y a de petites mesquineries qui peuvent surgir dans une société pour essayer de compromettre les gens qui osent se tenir debout. Et pourtant, je l'ai vu au Saguenay-Lac-Saint-Jean, en Abitibi-Témiscamingue et hier à Québec et dans le comté de Montmorency, des gens se lèvent de plus en plus nombreux, de plus en plus spontanément aussi, et qui disent: «Moi, je laisse de côté la partisanerie dans laquelle j'ai vécu». Et ils sont capables de laisser de côté aussi certains des conflits qu'ils ont été obligés de vivre, car il y en aura toujours, des conflits. Quelles que soient les institutions politiques, on ne changera pas de planète, et il va rester, comme dans toutes les sociétés modernes, des affrontements d'intérêts qui mènent à des conflits comme ceux qu'on peut vivre par exemple dans le domaine syndical, dans le domaine des relations de travail; et ça peut arriver dans bien d'autres domaines aussi.

Mais au-delà de ça, par-ci, par-là, dans l'histoire d'un peuple, il y a des moments de solidarité nationale qui deviennent un minimum vital. Ça n'arrive pas chaque semaine, ça, on le sait. Ça n'arrive pas chaque année non plus. Ça n'arrive même pas nécessairement chaque génération. Mais il y a des moments, partout dans le monde, dans la vie d'un peuple le moindrement normal et bien constitué où on sent, ça vient des profondeurs, qu'il y a nécessité d'un minimum de solidarité.

Et d'autant plus quand, en face de nous, il y a une sorte de solidarité des *establishments* qui est assez solide, merci! J'ai senti ça à Toronto, il y a quelques jours. Quand on s'en va devant les membres de l'Empire Club puis du Canadian Club, on a quelque chose comme l'*establishment* devant soi à ce moment-là. Et quand, après, on les rencontre, dans une ou deux réceptions, derrière la courtoisie, derrière les bonnes manières, il y a une espèce de négation farouche de ce que représente l'évolution du Québec telle que nous la souhaitons. Et cette négation-là va continuer d'être là, parce qu'ils savent de quel côté leur pain est beurré. Il est beurré depuis cent treize ans comme ça. Et c'est la même chose pour l'*establishment* du Montréal anglais, et du West Island. Et là je ne parle pas de tous nos concitoyens de langue anglaise, loin de là. Mais je dis l'*establishment*, c'est-à-dire ceux qui manipulent les moyens d'information à partir de leur tribune, que ce soit l'électronique ou bien l'écrit. Ceux qui sont installés solidement à des endroits d'où l'on peut influencer l'opinion publique. Eux aussi savent depuis cent treize ans comment leur pain est beurré. Ils ont une solidarité. C'est cette solidarité-là qu'il s'agit de contrebalancer par la nôtre. (...)

Le parti va demeurer, c'est pour ça qu'il a été mis au monde essentiellement, pour faire avancer cette cause-là, la cause nationale. Mais pour l'amour du ciel, pendant les quinze, seize semaines qui viennent, essayons le plus possible d'oublier qu'on est péquiste. On est québécois, sans autre appartenance, pendant ces quatre mois. Et comme ça, on deviendra le genre, si vous voulez, de port d'accueil qu'attendent tant de nos concitoyens qui, spontanément, sont en train de venir nous rejoindre sur cette base-là, la base du référendum. Ça ne veut pas dire qu'ils sont devenus péquistes et il ne faut pas le leur demander non plus. Ça veut dire simplement que, comme Québécois, ils sont prêts à franchir une étape, et une étape marquante, avec nous. Ils se reconnaissent entre autres dans la question qu'on a suggérée. Je l'ai dit plusieurs fois, la question peut encore être amendée techniquement et il n'y a pas de raison de se faire des drames avec ça parce que la technique, c'est de la technique, point. Mais sur le fond tel qu'il est, on a fait un sondage au mois de janvier et on a demandé aux gens, parce que ça nous préoccupait (on n'est pas des Joe Connaissant, on a beau travailler pour mettre la question au point, pour essayer de la rendre claire, de la rendre honnête): est-ce que vous considérez que c'est une question qui vous permet clairement et honnêtement de répondre oui ou non, en connaissance de cause? 60% et plus, 61%, ont dit spontanément oui, et puis à peine 20% ont dit non. Et je pense que je sais à peu près dans quel coin ils se situent et dans quelle zone d'influence ils peuvent vivre. Donc, nos concitoyens dans l'ensemble, vous n'avez qu'à vérifier, je pense que vous allez avoir la confirmation, reconnaissent clairement ce dont il s'agit.

Ils acceptent, je pense, les deux lignes du début qui sont l'énoncé d'un principe: celui sur la base duquel, et il n'y a pas d'autre base possible, on pourra dénouer une fois pour toutes le damné problème de la coexistence difficile de deux peuples. C'est-à-dire la base de l'égalité fondamentale entre les peuples, qui est aussi vraie entre les peuples qu'elle peut l'être entre les citoyens d'une société. Fondamentalement, c'est d'égalité qu'il s'agit, et non pas des rapports majorité-minorité, quand il y a des identités nationales reconnaissables et enracinées quelque part. C'est notre cas. Ensuite, à partir du projet qu'on propose depuis treize ans, elle évoque en trois, quatre lignes l'essentiel pour réaliser dans les faits ce principe.

C'est rire du monde que de parler de principe et de ne pas l'appliquer dans le concret. Pour l'appliquer dans le concret, il faut que le Québec soit souverain, et on explique l'essentiel de la souveraineté dans la question. Faire ses lois sans que d'autres viennent nous marcher sur les pieds, concrecarrer ou même contredire nos intentions, comme on peut le voir par exemple dans le cas de la Cour Suprême vis-à-vis de la loi 101. Je ne blâme pas la Cour, mais je blâme la structure politique qu'elle est obligée d'interpréter et qui mène littéralement à la stérilisation de la nôtre, au niveau du gouvernement, de la volonté qui s'exprime ici au Québec. Donc, être souverain, faire ses lois, garder chez nous et employer chez nous les revenus publics et les impôts et ne plus jamais être obligé de quêter la permission de parler à qui on veut dans le monde, c'est-à-dire avoir nos relations extérieures libres.

En quatre, cinq lignes, on a résumé cet essentiel, et aussi l'essentiel de l'association, parce que les deux se tiennent. Et c'est la seule façon dont jamais ça s'appliquera dans les faits. La seule façon dont s'appliquera jamais dans les faits ce principe fondamental, dont déjà Laurendeau et Dunton parlaient il y a dix, quinze ans: l'égalité des sociétés. Et finalement, on a toujours dit qu'on consulterait, qu'on ferait rapport aux citoyens... Je pense que c'est parfaitement normal et, en plus, démocratique, ce qu'il ne faut jamais oublier. On a toujours dit qu'il y aurait cette garantie aux citoyens. On a «taponné» un peu, on a hésité pendant un bout de temps en se disant: est-ce que ce serait un rapport par la voie d'une élection ou bien par la voie d'un autre référendum? Or, entretemps, on a attendu pendant un an et demi, deux ans, tandis que le suspense de l'ancien gouvernement de monsieur Trudeau durait, parce qu'il hésitait pour faire des élections et qu'on s'était engagé, nous, à ne pas mêler à des élections et particulièrement à ces élections générales la question référendaire. Alors, quand est venu le moment de finaliser la question, il a fallu mettre de côté l'option qu'on avait laissée flotter, d'un rapport qui se ferait aux citoyens ou d'une nouvelle étape qu'on leur demanderait au moment d'une élection. Si on n'a pas voulu mêler ça cette fois-ci, ce ne serait certes pas plus intelligent de le mêler la prochaine fois. Alors on a exclu les élections. Il restait donc à revenir devant les citoyens et c'est la garantie qu'on leur donne dans la dernière partie de la question.

Encore une fois, à mesure qu'on se l'explique dans des assemblées, les gens considèrent que sur le fond c'est une question claire, honnête et qui leur donne tout l'essentiel pour pouvoir répondre et indiquer en même temps leur volonté que le Québec prenne cette direction-là...

Et puis, à partir du début de mars, il y aura le débat qui doit durer trois semaines, qui va être un débat sur tous les sujets, évidemment et, soit dit en passant, qui va avoir une importance extraordinaire parce que ce débat-là va être diffusé en direct au moins par Radio-Québec. C'est-à-dire que les gens n'auront pas d'intermédiaires pour leur interpréter ou leur déformer tout ça, comme ça arrive malheureusement. (...)

À travers tout ça, il va y avoir d'autres étapes absolument vitales qu'il faut réaliser pour le référendum lui-même et je vous rappellerai en terminant que d'ici quelques jours, il va y avoir la campagne de financement (...) la douzième et aussi la campagne suprême. On pourra sûrement respirer un peu plus l'an prochain! Mais cette année, aussi bien au point de vue disponiblité de temps, ceux à qui il en est demandé, qu'au point de vue matériel, argent et même sacrifice, vous savez que ce n'est plus de la routine.

Je me souviens, au tout début, de madame Guérin, il y en a beaucoup qui s'en souviennent, qui nous faisait remarquer combien nous étions chanceux à l'échelle du monde. Il y a tant de gens dans le monde qui ont été obligés de sacrifier leur vie, qui très souvent en ont saigné un sacré coup pour obtenir collectivement le droit d'être libres, le droit d'être maîtres chez eux, de respirer à leur façon, dans leur maison. Il y en a combien à qui ça a coûté des années et des années de persécution, de prison? Et nous, ce que ça nous demande, c'est de la conviction, de la ténacité et de l'argent.

C'est presque trop terre-à-terre pour un objectif comme celui-là. Il m'arrive quelquefois de me dire que ce n'est quasiment pas possible que ça nous arrive comme ça. Et pourtant, dans le contexte où on est, si on le veut suffisamment, avec assez de volonté et de persistance, oui, franchement c'est possible et ça va arriver. Et ça, c'est relié à des choses comme la campagne de financement. C'est relié au maintien de ce climat qui s'ouvre devant nous. Il faut toujours se méfier, il peut arriver l'imprévisible, mais même si l'imprévisible arrive, on dispose d'un climat particulièrement favorable. Même l'hiver qu'on a, excepté pour les camionneurs que je plains, c'est extraordinaire, on a l'impression qu'on vit le printemps en hiver. J'espère qu'on va vivre le printemps au printemps, aussi!

24
OUI

Discours prononcé par le Premier ministre du Québec à l'Assemblée nationale, le 4 mars 1980, à l'ouverture du débat sur la question référendaire.

M. le président, c'est avec une certaine émotion, on le comprendra, une émotion au fond de laquelle je ressens une grande fierté, que j'ai l'honneur d'ouvrir ce débat à l'Assemblée nationale; car jamais, probablement, notre Parlement n'a mérité de s'appeler national comme en ce moment et pendant les jours qui viennent. J'espère que toutes les astuces parlementaires du député de Bonaventure, qui vient de nous évoquer le spectre des points de règlements, ne nous empêcheront pas, dans un contexte comme celui-là, d'évoquer l'ensemble de la question parce qu'il ne s'agit pas seulement de la question qui sera posée au référendum, il s'agit très spécifiquement de la question du Québec lui-même.

En dépit de la confiance que nous ressentons, nous tous ici, et nous tous, partout au Québec, qui proposons le oui au référendum, je dois avouer cependant que c'est quand même une fierté un peu inquiète que nous ressentons. Nous n'avons pas l'habitude de rendez-vous comme celui du référendum, c'est la première fois de toute notre histoire que se présente une telle occasion de décider par nous-mêmes, collectivement, de ce que nous voulons être et de la direction que nous voulons prendre pour l'avenir. Il y a des gens, hélas — c'est leur droit, mais je dis hélas quand même — qui semblent bien décidés à tout faire pour que cette occasion soit ratée, des gens qui vont, par exemple, sans crainte de se contredire, tâcher de faire croire à la fois que cette étape est insignifiante et en même temps qu'elle est trop redoutable. C'est pourquoi la fierté que nous ressentons déjà ne sera vraiment sans mélange qu'au soir de ce jour où, après avoir étudié tous ensemble, non pas seulement la question qui est posée, justement, mais jusqu'en ses moindres replis la question du Québec lui-même, de son évolution, de la situation que cette évolution nous a faite, de nos aspirations et de nos perspectives et qu'alors, tous ensemble, nous nous serons prononcés. Nous aurons alors posé un geste qui, de toute façon et quoi qu'il advienne, demeurera historique puisqu'en soi, le référendum va constituer le premier exercice par le peuple québécois de ce droit fondamental de tous les peuples qui est celui d'orienter eux-mêmes leur destin et qu'on appelle couramment le droit à l'autodétermination.

C'est donc en soi une étape cruciale dans le développement du Québec. Et ce qui nous inspire surtout confiance, quant à nous qui proposons la question au référendum, c'est que cette étape vient à son heure. L'idée n'est pas nouvelle: il y a plusieurs personnalités qui avaient déjà évoqué l'hypothèse du référendum pour les choix politiques les plus importants. Jusqu'à présent, cela ne s'était pas concrétisé, les temps n'étaient pas mûrs. Mais, au fond, on savait bien qu'il fallait que ça vienne un jour, comme on sait qu'un jour, un fruit doit être cueilli si on ne veut pas qu'il pourrisse sur la branche, comme on sait qu'un jour, chacun doit assumer aussi sa maturité avec les responsabilités qui l'accompagnent.

C'est ce que nous avons d'ailleurs tâché d'exprimer à la toute première page du Livre blanc que le gouvernement publiait il y a quelques mois: *Dans l'histoire des peuples, comme dans la vie des individus, surviennent des moments décisifs. Ces moments décisifs sont rares. Heureusement, pourrait-on dire, car ils s'accompagnent presque toujours d'une certaine angoisse. Même quand le chemin nouveau qui s'offre au carrefour est bien plus prometteur que l'ancien, d'instinct on est d'ordinaire porté à en exagérer les embûches et, naturellement, la peur du changement fait chercher des attraits inédits au vieux sentier sans horizon.*

Pour réussir, il faut surmonter cette crainte. Nous voici tous, Québécois et Québécoises, arrivés à un moment décisif. Après des années de discussion, de crise constitutionnelle, d'enquête et de rapports, le temps est venu de choisir librement, démocratiquement, le chemin de notre avenir. Quand vient le moment d'orienter ainsi et d'engager son destin collectif, un peuple doit réfléchir mûrement. Nous, Québécois, d'où venons-nous? où en sommes-nous? et quelles sont nos chances de grandir et de nous épanouir? Autant de questions qu'on doit se poser pour éclairer le vote...

D'abord, d'où venons-nous? Nous venons de bientôt quatre cents ans d'histoire, de ténacité et de continuité. Après nos concitoyens autochtones, nous sommes le peuple le plus profondément enraciné en Amérique du Nord. Nous le savons, cela n'a pas été facile de durer comme ça. Ils étaient une poignée, il y a deux cent vingt ans, qui avaient une même promesse de plénitude nationale que tous les autres, toutes ces autres colonies que la vieille Europe avait implantées: des Espagnols, des Portugais, des Hollandais et, bien sûr, des Anglo-Saxons, et qui tous, en cours de route, plus ou moins malaisément, sont arrivés à cette plénitude nationale.

Mais, il y a deux cent vingt ans, la poignée que nous étions a été conquise et décapitée, coupée des centres de décision et, pendant longtemps, repliée sur ce qu'on a appelé la survivance. Et puis, peu à peu, en maintenant farouchement notre identité, en y ajoutant de génération en génération le nombre suffisant, en récupérant laborieusement un à un des droits et des instruments collectifs, nous sommes devenus finalement ce que nous étions destinés à devenir: un peuple qui, comme les autres, mérite de compter, quand ce ne serait que pour être digne de tous ceux et toutes celles qui nous ont permis de nous rendre jusque-là, un peuple qui a non seulement le droit mais, désormais, le devoir de s'affirmer et de prendre en main l'essentiel de ses affaires. Parce qu'il nous est arrivé quelque chose d'extraordinaire il y a moins d'un demi-siècle, quelque chose d'extraordinaire et aussi de parfaitement naturel.

Chez nous comme ailleurs, il y a eu l'accélération de l'histoire; tous ceux qui peuvent regarder en arrière, se retrouver disons il y a trente-cinq ou quarante ans, ont la nette impression quasiment de retourner dans un autre monde. À ce moment-là, c'était une société plus simple, moins tourmentée, moins compliquée aussi. Même si c'était la guerre qui nous rejoignait de loin, c'était une société qui était à la fois solidement installée dans des structures traditionnelles, avec toute une armature sociale et mentale aussi, mais en même temps une société qui était très peu sûre d'elle-même, qui était encore résignée indéfiniment à dépendre des autres et comme on disait, à être née pour un petit pain. Et puis, brusquement — on l'a constaté brusquement, mais cela venait sûrement de loin, on ne l'avait pas vu venir —, il y a eu une sorte de printemps, un printemps tardif, mais irrésistible aussi, un peu comme nos rivières quand la glace finit par sauter et qu'on sent le renouveau qui monte de partout. Et comme ailleurs, je crois bien que cela a commencé par les poètes — et c'est vrai partout dans le monde —, par les artistes, par les écrivains. Nous autres, les Québécois, qui vivions à peu près exclusivement du vieux gagné que nos ancêtres avaient apporté et qu'ils nous avaient transmis, sommes devenus comme jamais des créateurs, des exportateurs capables de rayonner ailleurs dans le monde par la chanson, par l'écriture de plus en plus, par le cinéma quelquefois, par la peinture très souvent et tout le reste qui nous a fait modestement, mais quand même autant sinon plus que n'importe quelle autre communauté humaine de six millions de gens, une sorte de véritable renaissance culturelle.

Et aussi notre pensée sociale s'est mise à s'affirmer comme jamais. Elle est devenue féconde au point de se trouver assez souvent à l'avant-garde non seulement du Canada, mais du continent tout entier. Les allocations familiales étaient là dans le paysage sans avoir été changées depuis 1945 ou à peu près. C'est dans les années soixante et c'est au Québec que pour la première fois, on a eu l'idée et ensuite le projet précis de les adapter à l'évolution des familles et de leurs besoins dans le monde contemporain. Les pensions de vieillesse n'avaient guère bougé non plus. C'est au Québec encore qu'a été conçu le supplément qui s'appelle le régime des rentes, dont l'instrument financier est la Caisse de dépôt et que maintenant, tout le reste du Canada a adopté. Tout récemment, c'est au Québec qu'on a mis sur pied finalement un nouveau régime d'assurance automobile plus humain, plus civilisé et au moins aussi efficace que tous les autres qui l'avaient précédé. C'est au Québec qu'avec les moyens du bord et ceux que le régime veut bien nous laisser, on fait présentement un bout de chemin nouveau dans la direction du revenu minimum garanti pour nos travailleurs.

Et on a vu également le même genre de transformation du côté de la capacité de compétence et d'invention dans le domaine politique et administratif. C'est au Québec d'abord, sur tout le continent, je crois, que par étapes dont la dernière est la loi no 2 sur le financement des partis, qu'on a mis fin peu à peu au cours d'une quinzaine d'années au mariage coulissier et malsain des intérêts et des groupes de pression privés avec le trésor public; et c'est au Québec aussi depuis une vingtaine d'années qu'on a développé une compétence et de plus en plus de rigueur administrative et budgétaire, avec des erreurs de parcours — il y en a partout et il y en aura toujours —, mais une compétence et une rigueur qui peuvent se comparer avantageusement avec, je crois, ce qui se fait n'importe où ailleurs.

C'est vrai aussi dans le domaine économique, et c'est peut-être plus spectaculaire que tout le reste parce que c'est là que nous avions accumulé et c'est là qu'on nous avait soigneusement injecté les plus solides complexes d'infériorité. Je me souviens encore — le député de Bonaventure doit s'en souvenir aussi puisqu'il était là — des années soixante, alors que dans des circonstances quasi référendaires, on discutait de la reprise en main de l'électricité. Combien de gens s'acharnaient à nous dire qu'on ne serait pas capable, s'acharnaient à répéter que construire nos barrages nous-mêmes, unifier et administrer nous-mêmes un grand réseau de distribution, c'était au-delà de nos forces et pourtant, aujourd'hui, Hydro-Québec est non seulement en quelque sorte un navire amiral pour l'économie du Québec, mais se situe à coup sûr mondialement à la pointe de toutes les entreprises du secteur.

Quant à SOQUEM dans le domaine minier, pour prendre seulement un autre exemple, sauf erreur elle récupérera cette année en une seule année le total de tous les fonds que l'État lui a avancés depuis sa création. En même temps, parallèlement, partout dans nos régions, on a vu surgir et on voit surgir de plus en plus nombreuses des entreprises nouvelles ou des entreprises en pleine expansion.

En compétence, en efficience, en initiative et en audace, on assiste ces années-ci à une véritable métamorphose. Comme beaucoup d'autres, je suis allé voir cela un peu partout, en Abitibi-Témiscamingue, au Saguenay-Lac Saint-Jean, dans la Beauce, bien sûr, en Estrie, dans les Bois Francs et c'est vrai aussi — on en a la preuve tous les jours — dans les régions métropolitaines où c'est moins facile à percevoir parce que, évidemment, on se connaît moins, mais là également, c'est bien réel. On le voit à mesure que les projets passent sous nos yeux.

Aujourd'hui, donc, où en sommes-nous? C'est de là que nous venons. Avec tout cela, où en sommes-nous aujourd'hui? Nous en sommes au point très simplement où dans aucun des grands secteurs de la vie en société, sans nous prendre pour d'autres, il ne nous est interdit désormais de nous prendre pour moins que ce que nous sommes. Il est interdit de penser que nous ne serions pas aussi capables que quiconque de prendre nos affaires en mains, et très certainement mieux équipés pour le faire que n'importe qui d'autre quand justement il s'agit de *nos* affaires. Nous sommes maintenant dans le peloton de tête des pays qu'on dit avancés. Nos ressources humaines sont de plus en plus compétentes et inventives. Grâce à une solide tradition d'épargne, nous avons accumulé tous les capitaux requis pour assurer nous-mêmes l'essentiel de notre développement. Nos ressources naturelles, qui sont encore inexplorées dans une foule de coins du territoire, nous garantissent une base physique parmi les plus riches et les plus diversifiées au monde. À condition de l'entretenir avec soin, nous avons la fortune à perpétuité dans l'un des plus vastes de tous les domaines forestiers. Sur le plan de l'énergie où l'on parle sans cesse actuellement, et trop souvent pour nous redonner des complexes, du pétrole de l'Alberta, d'ici quelques brèves années nous produirons au Québec 25 000 mégawatts d'électricité. Au moyen de centrales thermiques conventionnelles, auxquelles d'autres ont dû se river depuis longtemps, il faudrait chaque jour 700 000 barils de pétrole pour obtenir le même rendement; ce qui représente déjà, en attendant la suite, la moitié de la production annuelle de l'Alberta.

Or, tout cela n'est pas le fruit du hasard et ce n'est pas non plus lié — en particulier, tout ce renouveau et cette fécondité des vingt-cinq, trente dernières années — ce n'est pas non plus lié au régime politique dans lequel nous vivons. Il faut dire, en fait, que c'est plutôt le contraire qui s'est produit. Si nous faisons aujourd'hui partie des pays hautement développés et que, parmi cent cinquante autres dans le monde, cela nous donne le quatorzième rang en ce qui concerne le niveau de vie, c'est grâce d'abord et avant tout à nos efforts ici au Québec, grâce à nos ressources, grâce aux capacités que nous avons su développer que nous sommes arrivés jusque-là. S'il n'y avait pas eu en même temps les entraves, les complications et les trop fréquentes iniquités du régime fédéral tel qu'il est, nous y serions parvenus plus rapidement, moins difficilement et nous serions rendus aujourd'hui pas mal plus loin.

C'est pourquoi nous disons maintenant qu'au lieu de ce régime qui est dépassé, dont tout le monde admet que tel quel il est dépassé, à commencer par nos amis d'en face dans leur Livre beige et dans divers autres documents qui ont émané de leur réflexion, et sans renier pour autant une longue tradition de co-existence qui a créé tout un réseau d'échanges, nous nous devons d'arriver avec nos voisins et partenaires du reste du Canada à une nouvelle entente d'égal à égal, c'est-à-dire la seule voie qui puisse être l'aboutissement normal de notre évolution, la seule qui puisse répondre aux exigences du présent et la seule surtout qui puisse nous assurer dans l'avenir un progrès continu et sans cesse plus vivifiant.

D'ailleurs, ce serait aussi de corriger enfin un malentendu qui dure depuis le début, c'est-à-dire depuis cent treize ans. Dès le départ, en effet, les délégués de ce qu'on appelait le Haut-Canada, l'Ontario, et les autres provinces anglaises ou colonies à l'époque, voulaient d'abord et avant tout un Parlement central, supranational, le plus fort possible, assez fort, avec assez de pouvoirs centralisés pour présider au développement d'un nouveau pays, un pays qui serait essentiellement anglophone, mais de tradition britannique, au nord des États-Unis. Alors que pour leur part les Québécois, au même moment, désiraient par-dessus tout, à tout le moins un gouvernement provincial aussi responsable, aussi autonome que possible, un gouvernement qui puisse devenir, jusqu'à un certain point, leur vrai gouvernement, celui dans lequel ils seraient toujours sûrs de se reconnaître. Mais c'est, bien sûr — on le sait — la première conception qui a surtout prévalu et qui, ensuite, s'est trouvée et se trouve encore à l'arrière-plan de toutes les tensions qu'on a vécues dans la dualité canadienne comme on se plaît à l'appeler maintenant, et qui, maintenant aussi, se trouve au coeur de la crise institutionnelle, constitutionnelle, qui nous accompagne et qui n'a cessé de s'aggraver depuis quelque chose comme quarante ans.

Même le chef actuel du Parti libéral admettait d'ailleurs l'existence de ce malentendu à la source dans son document qu'il avait intitulé *Choisir le Québec et le Canada,* où certains de ses diagnostics se rapprochaient remarquablement de ceux que nous avons nous-mêmes rendus, peu importe qu'évidemment cela ne l'ait pas amené aux mêmes conclusions. Notre conclusion, en effet, c'est qu'il faut maintenant enchaîner en pratique et non plus seulement en paroles sur cette longue et tenace continuité des revendications québécoises, des revendications autour desquelles, constamment, nostalgiquement, on tournait; on n'osait pas aller jusqu'au bout de sa pensée mais, constamment, s'y trouvait la notion absolument centrale d'égalité entre deux peuples.

C'est à cela, au fond que visait pas si confusément que cela M. Duplessis, quand il parlait de ramener chez nous notre butin. M. Godbout lui-même — je vais en surprendre plusieurs; on lui a fait tellement une mauvaise réputation historiquement — ne proposait-il pas en 1948, et en toutes lettres, la tenue d'un référendum pour en arriver, je cite, tenons-nous bien: *À une entente d'égal à égal entre le Québec et le Canada*? Il y a trente-deux ans de cela.

Je passe par-dessus le «maître chez nous» de M. Lesage et du gouvernement des années soixante, «l'égalité ou l'indépendance» de Daniel Johnson et du gouvernement de la fin des années soixante, la «souveraineté culturelle» de M. Bourassa dans les années soixante-dix. Je me contenterai d'évoquer un peu plus longuement l'affirmation très concrète de la Commission Laurendeau-Dunton — ça remonte à 1963, il y a dix-sept ans — une affirmation dont aucune depuis lors n'a égalé ni la vigueur ni la clairvoyance. Ce qu'écrivaient dans ce rapport préliminaire André Laurendeau, Davidson Dunton et leurs collègues, c'était entre autres ceci:

> *Les principaux protagonistes du drame, qu'ils en soient pleinement conscients ou non, sont le Québec français et le Canada anglais. Il ne s'agit plus du conflit traditionnel entre une majorité et une minorité; c'est plutôt un conflit entre deux majorités. Le groupe majoritaire au Canada et le groupe majoritaire au Québec. Cela revient à dire que le Québec francophone s'est longuement comporté un peu comme s'il acceptait de n'être qu'une minorité ethnique privilégiée. Aujourd'hui, le Québec se regarderait lui-même comme une société presque autonome et s'attendrait à être reconnu comme telle. Cette attitude se rattache à un espoir traditionnel au Canada français, celui d'être égal comme partenaire du Canada anglais.*
>
> *Les Canadiens de langue anglaise, en général, doivent en venir à reconnaître l'existence au Canada d'une société francophone vigoureuse. Il faut donc qu'ils acceptent, comme nécessaire à la survivance même du Canada, une association réelle comme il n'en peut exister qu'entre partenaires égaux. Ils doivent être prêts à discuter franchement et sans préjugés les conséquences pratiques d'une telle association.*

Il y a dix-sept ans que cela a été écrit et, quatre ans plus tard, en 1967, voici encore l'affirmation qu'on trouvait dans le rapport final: *Le principe d'égalité prime pour nous toutes les considérations historiques ou juridiques.* Or, de toutes les recommandations de ce rapport, aujourd'hui, après treize ans, seules tant bien que mal et avec une volonté si souvent vacillante, celles touchant à une certaine égalité linguistique ont été mises en vigueur; mais c'est aux oubliettes qu'on a relégué la question fondamentale de l'égalité politique, la seule entre deux communautés nationales qui puisse sous-tendre et étayer toutes les autres formes d'égalité dont on peut parler.

La démarche qui nous mène au référendum, celle que nous proposons, est donc non seulement fidèle à l'aspiration la plus profonde et la plus constante des Québécois, mais c'est également la seule qui puisse enfin nous sortir du cercle vicieux dans lequel notre crise de régime s'est enlisée. Il n'y a guère que des autruches politiques ou des gens très naïfs ou très présomptueux qui pourraient refuser de voir que les échecs répétés de tous les gouvernements qui ont cherché une solution dans le rafistolage du régime et aussi que l'écart concret, qui va d'ailleurs en s'élargissant, entre la réalité du Québec et celle du Canada anglais nous mènent forcément à la conclusion suivante: que seule l'expression majoritaire, massivement majoritaire autant que possible, d'une volonté de changement dans l'égalité par l'ensemble des Québécois nous permettra jamais d'amorcer le processus indispensable.

Il faut bien penser qu'en face de nous, au Canada anglais, il existe aussi un sentiment national très fort. Ce sentiment national s'est exprimé d'une façon particulièrement frappante par des silences tonitruants et par des sympathies du bout des lèvres et foncièrement embarrassées lors de la publication, par le Parti libéral provincial, de son Livre beige. Au-delà des diversités d'intérêts des provinces et des régionalismes plus ou moins agressifs, selon les circonstances, il existe chez les Canadiens anglais une unité d'aspirations là aussi face aux questions fondamentales qui se posent et qu'on ne peut pas ignorer. C'est cette unité d'aspirations qui a répondu au député d'Argenteuil et à ses collègues, récemment, qu'elle voulait un gouvernement central fort et que le panprovincialisme du projet libéral québécois risquerait de mener plutôt à une certaine désintégration. Le gouvernement québécois respecte cette réalité nationale canadienne anglaise et ne prétend pas lui imposer quelque système politique que ce soit. Nous ne reprocherons pas aux Canadiens des autres provinces d'être attachés au régime fédéral essentiellement tel qu'il est, d'y voir des avantages évidents — et cela, l'histoire prouve qu'ils ont eu raison de les voir — et de chercher à conformer ce régime toujours davantage à leurs aspirations propres.

Mais comme ce système a justement fonctionné, et cela tout le monde en convient, d'abord et avant tout à l'avantage de la majorité canadienne-anglaise, en particulier de l'Ontario, et que de plus le Québec s'y trouve de plus en plus minoritaire, il n'est que normal de rechercher de nouvelles formes de coopération en proposant une solution de rechange qui tâche de respecter les besoins en même temps que la plus centrale des aspirations des deux parties. C'est dans cette perspective et avec cet espoir que nous entretenons depuis plus d'une douzaine d'années, que le 20 décembre de l'année dernière, pour l'information et la réflexion de l'Assemblée nationale et de tous nos concitoyens aussi qui le voudraient, je rendais public le texte de la question que nous avions décidé de proposer au référendum. Soit dit en passant, les convictions que nous avions déjà quant à la clarté, à la franchise et à l'honnêteté foncières de cette question, ces convictions n'ont fait que se renforcer depuis et je n'hésite pas à dire, parce que nous avons de claires indications à ce propos, qu'une solide majorité de Québécois semble bien être du même avis.

Quant à la légalité stricte du texte à propos de laquelle d'aucuns se sont évertués à fendre en quatre tous les cheveux qui leur tombaient sous la main, aux opinions verbales et très nombreuses et très concordantes que nous avions dès le départ, s'ajoute maintenant l'opinion claire et sans ambage du bataillon de juristes qui ont la responsabilité permanente de conseiller les gouvernements du Québec en cette matière, les juristes du ministère de la Justice.

Et qu'est-ce qu'elle dit, cette question? D'abord, elle pose le principe sur lequel tout le reste s'appuie, le principe de l'égalité fondamentale des deux peuples qui composent le Canada actuel. Ce principe, l'application en est la règle universelle du monde civilisé. Sur ce plan des droits et des intérêts fondamentaux, de l'exercice de ces droits — non pas des droits et des intérêts dans les nuages — et de la gestion de ces intérêts, c'est d'égal à égal que tous les peuples qui se respectent doivent établir leurs relations.

La question proposée précise ensuite l'entente nouvelle par laquelle, et par laquelle seulement, ce principe pourra s'appliquer et vivre, encore une fois, sa réalité, vivre non plus dans l'abstrait, dans l'académique, dans les nuages vaporeux de la velléité comme, malheureusement, c'est le cas dans le Livre beige du Parti libéral provincial.

En fait, le seule façon dont on puisse espérer que ça se concrétise dans un nouvel équilibre — et voilà combien d'années que les événements s'acharnent à nous le confirmer — c'est, d'une part, par la récupération au Québec du pouvoir exclusif de faire nos lois sans que d'autres viennent leur marcher sur les pieds; de lever et d'employer chez nous tous nos impôts, tous les revenus publics que nous payons justement pour notre développement et, d'autre part, afin de maintenir un espace économique commun dont personne, ni d'un côté ni de l'autre, n'aurait avantage à se priver, par le maintien, la continuité d'une association économique qui comporterait notamment l'utilisation conjointe de la même monnaie.

Le mandat que demande le gouvernement, c'est celui d'aller négocier une nouvelle entente qui réponde à cette double exigence. Ni plus ni moins. Ce qu'on demande, toutefois, ce n'est pas non plus un chèque en blanc. On ne demande pas aux citoyens d'approuver d'avance, quel qu'il soit, l'aboutissement de cette démarche. Nous nous engageons à ne pas prétendre effectuer de changement définitif du statut politique avant d'avoir consulté à nouveau la population parce que nous sommes conscients du fait qu'aucun changement politique sérieux ne pourrait être envisagé, et sûrement pas réalisé, sans l'adhésion formelle et soutenue de la majorité des citoyens.

C'est d'ailleurs la raison pour laquelle — je l'ai dit à maintes reprises, et je tiens à le répéter — le gouvernement va respecter, quelle qu'elle soit, jusqu'à la fin de son mandat, la décision majoritaire qui sortira du référendum, sans prétendre d'aucune façon passer outre à la volonté collective. Il serait éminemment souhaitable qu'on ait la même garantie de la part de ceux qui se préparent à défendre l'option négative pendant la campagne qui s'amorce. Il serait bon que de telles garanties de respect démocratique de la volonté des citoyens soient données tout de suite, dès maintenant, avant que l'intensité du débat n'envahisse toute la scène.

Sur ce, il faut se demander brutalement ce que serait la portée du oui et du non, ce que l'un ou l'autre annoncerait comme avenir prévisible. Je pense que beaucoup de Québécois — ils sont chaque jour plus nombreux, sauf erreur — ont déjà pris conscience de ce que signifierait une réponse négative. Elle consacrerait à nouveau, et pour longtemps, le lien de dépendance du Québec par rapport à la majorité anglo-canadienne. Elle consacrerait à nouveau, et pour longtemps, le statut d'inégalité du peuple québécois et, pis encore, une situation de plus en plus minoritaire au sein de l'ensemble fédéral. Ce serait la continuation, sinon la perpétuation des conflits interminables, des culs-de-sac fédéraux-provinciaux, des chevauchements innombrables dans lesquels se dilue la responsabilité; et dans une stérilité sans cesse croissante se gaspillent tant d'énergie, de ressource et de temps.

Ce serait aussi la permanence de politiques fédérales qui, trop systématiquement, créent surtout de l'emploi et du développement ailleurs et prétendent compenser chez nous par l'entretien du sous-emploi et du sous-développement relatif. On me permettra, à ce propos — je pense que c'est un pensez-y bien — de citer un extrait d'une étude qui a été commandée en 1977 par le Premier ministre d'alors, au fédéral, et à nouveau Premier ministre, sur les interventions d'Ottawa au Québec. Les conclusions de cette étude, qui portent sur les activités de cent ministères et agences fédérales durant la période 1967-1976, sont terriblement claires.

Le gouvernement fédéral, y lit-on, (il s'agit d'un document, comme on le sait, qui ne devait pas être publié, mais comme il arrive de plus en plus à notre époque, il a connu une fuite qui nous a permis à tous de savoir ce qu'il y avait dedans) *crée souvent des conflits avec Québec en intervenant sans connaître les bases constitutionnelles ou même les conséquences probables de ces actions.*

Un peu plus loin: *Les ministères fédéraux, souvent, ne consultent pas Québec même lorsque les programmes sont d'un intérêt particulier pour lui.* Encore: *Il apparaît évident qu'il y a peu d'instances où le ministère ou l'agence fédérale était conscient des effets de ces activités sur la population du Québec ou sur les priorités, les politiques ou les programmes québécois.* Enfin, ce dernier extrait: *Il est même rare qu'on ait tenté de prévoir les effets de ces activités avant qu'elles ne soient entreprises.*

Comment imaginer, dans un contexte où cela est enraciné comme façon de voir les choses, que le non puisse être autre chose que la justification à l'avance du blocage constitutionnel, qu'il puisse annoncer autre chose que l'arrêt du mouvement historique dans lequel, veut veut pas, nous sommes engagés parce que c'est le mouvement même de la vie? Bref, le non au référendum est peut-être québécois, comme le dit assez tristement le calembour dont accouchait ces jours derniers le congrès du Parti libéral provincial, mais ce serait du québécois replié, désuet, tassé frileusement sur la peur de s'assumer et l'incapacité de faire face à l'avenir. Pour bien des lunes, ce serait l'impossibilité de faire prendre vraiment au sérieux, par quelque interlocuteur que ce soit, même quelque chose qui a autant peur d'affirmer le Québec, qui semble même avoir autant honte de nos aspirations les plus légitimes, les plus répétées, les plus enracinées, que ce Livre beige auquel nos amis d'en face viennent de se résigner officiellement.

Face à cet appel à l'immobilisme et à la stagnation, le oui, c'est l'assurance, enfin, d'un déblocage, c'est l'ouverture à un changement qui s'inscrit dans la continuité du développement et de la maturation de tout un peuple, c'est la claire proclamation d'une volonté d'égalité et d'égalité vécue ailleurs que seulement sur le papier, c'est la condition d'une certitude définitive pour la sécurité culturelle avec des chances de plein épanouissement de cette culture, de l'identité qu'elle a forgée au cours des générations et du développement de tout ce potentiel proprement illimité pour lequel, comme toutes les sociétés, c'est sur nous-mêmes d'abord que nous devrons compter. Ce oui, c'est en même temps un meilleur équilibre et un partage plus équitable dans le *partnership* économique avec le reste du Canada. Il permettrait d'éliminer des facteurs qui ont entravé notre développement sur bien des plans, et en particulier sur le plan économique.

Voilà ce que peut amorcer, et très vite, une réponse positive, car voilà ce que contient en perspectives la question qui est proposée. C'est la promesse qu'elle renferme et que toutes les déformations qu'on va tenter de lui faire subir ne pourront pas effacer.

Encore une fois — il faut le répéter —, c'est une promesse qui est également féconde, qui peut être décontractante et décomplexante pour les deux parties. Le oui au référendum — je ne devrais pas avoir le besoin de le dire — n'a pas pour effet ni pour but d'abolir le Canada. On ne devrait pas avoir besoin de le dire, mais je crois pourtant qu'il faut le dire puisque, dans la présentation d'une motion de blâme de son parti, ici même, le 11 octobre dernier, le chef de l'Opposition officielle et futur président du comité du non faisait étalage de ses sombres certitudes quant à la fin du Canada, rien de moins.

Depuis dix ans, disait-il, *on fait tout ce qu'on peut humainement faire pour discréditer l'ensemble canadien et préparer son écroulement dans les esprits et ensuite dans les structures.* Plus loin, il ajoutait: *Le Canada, sans régime fédéral, va cesser d'exister.* Tout en respectant le choix des Québécois qui désirent sincèrement continuer à faire partie d'un système fédéral, et même du système fédéral tel qu'il existe actuellement — quoique cela soit plus difficile à comprendre —, on accepte difficilement qu'ils prétendent du même souffle que la remise en question de la place du Québec dans cet ensemble mène à nier l'existence même du Canada ou à l'empêcher de continuer avec le régime qui fait son affaire.

Il ne faut pas oublier, et je crois que dans les introductions assez nombreuses qu'il y avait au Livre beige du Parti libéral provincial, c'est très clairement rappelé, sur quel fondement ce régime est établi. C'est au premier chef — on parle d'abord d'un certain éloignement de l'Angleterre, d'une certaine expansion de plus en plus inquiétante de la puissance américaine et on ajoute ceci: *C'est afin de créer un espace économique à toutes les colonies de l'Amérique du Nord que fut conçu le projet de fédération canadienne adopté en 1967. Les colonies voulaient renforcer leur économie respective en accroissant le commerce intérieur et en se dotant d'une solide infrastructure en matière de transport, d'institutions financières, d'administration publique. Elles voulaient mettre en valeur les territoires de l'Ouest canadien, garder au Canada et accroître la population des diverses colonies, permettre aux colonies de se développer davantage et de manière autonome par rapport aux contrôles extérieurs. C'est ce qui a été le fondement de l'expérience canadienne.»*

Or, nous proposons justement le maintien de l'espace économique canadien qui a été le fondement de cette réalité, le maintien à peu près tel qu'il existe. Nous voulons conserver intact l'actuel marché commun. Il nous apparaît évident qu'une telle proposition correspond à l'avantage de tous, des Québécois mais aussi des Canadiens des autres provinces.

En Ontario seulement, il y a 200 000 emplois et davantage qui dépendent du marché québécois. J'ai remarqué d'ailleurs que dans les textes de nos amis d'en face, on parle toujours des avantages que le Québec peut retirer, en oubliant que ce sont des vases communicants. On parle uniquement des avantages que le Québec peut retirer, par exemple, de ses ventes au reste du Canada. Il ne faut pas oublier que cela joue des deux côtés. Le marché québécois représente à lui seul, pour ceux qui l'ignoreraient, 25% de toutes les exportations des autres provinces.

Donc, c'est nécessairement du donnant donnant. Le bon sens le dit, mais il y en a parfois qui l'oublient. En proposant de conserver cet ensemble économique et tout ce qu'on peut y réaliser ensemble, d'y maintenir la libre circulation des personnes, des produits, des capitaux, d'un même dollar, sans douane ni autres embarras, est-ce qu'on ne s'en irait pas très précisément dans une direction qui est en plein dans le courant le plus universel des relations égalitaires entre les peuples? C'est-à-dire la souveraineté, pour nous la fin de la dépendance intérieure, et quel que soit le nom qu'elle porte — pacte, conseil, communauté, association, à des douzaines d'exemplaires à travers le monde civilisé d'aujourd'hui — l'interdépendance en même temps, librement acceptée et d'autant plus stimulante.

En terminant, on me permettra de souligner aussi que pour réussir à briser le cercle vicieux dans lequel nous sommes enfermés au point de vue politique, constitutionnel — peu importe les adjectifs qu'on veut employer — et si on peut parvenir à rompre sans hostilité ce front commun que toute majorité essaie toujours de maintenir autour d'un statu quo qui lui est profitable — et à ce point de vue, il faut bien comprendre que c'est normal pour la plupart des porte-parole du Canada anglais de s'accrocher mordicus à ce statu quo pour l'essentiel —, si on veut rompre ce front commun, le rompre sans hostilité, il faut que le référendum soit aussi pour les Québécois l'occasion de plus qu'un minimum vital de solidarité.

I know, this is something which in many cases is more difficult to accept among English speaking Quebecers, this measure of solidarity which is normally called for by an event such as a referendum or a plebiscite on the national future. And I know, I think very realistically, that many and probably most or our English speaking fellow citizens will find it impossible to answer this call I just made because they feel — and so much of the past and so much also of the present is there to explain that — an unbreakable belonging, more to the English Canadian majority than to the majority

French Quebec society. Not only is it understandable but it is something we must and we shall respect but may I say that we shall also respect at least as much the exceptional courage and to us the clearmindedness of all those for whom the referendum, on the contrary, and without breaking any ties, will represent a chance to express positively, eloquently, a priority for their attachment to Quebec but also to a better and more fruitful and eventually friendlier relationship between all of us, both here in Quebec, and between Quebec and Canada.

Cette solidarité, il est évident que c'est rare dans l'histoire d'une société. Cela arrive à peu près deux ou trois fois par siècle, je pense, dans le meilleur des contextes, à certains moments, que tout le monde reconnaît d'instinct, quand son instinct n'a pas été émoussé. Or, depuis le début de l'année surtout, on a vu cela s'amorcer un peu partout au Québec. J'ai pu le constater dans plusieurs régions au cours des tournées, une solidarité qui essaie de s'affirmer au-delà des affrontements — il y aura toujours des affrontements dans n'importe quelle société, il y aura toujours des problèmes, des intérêts qui se cognent, qui s'entrechoquent; et même, ce qui est encore plus extraordinaire, une solidarité qui cherche à passer par-dessus les compartiments partisans. Là-dessus, je dois vous dire avec une certaine tristesse que j'ai entendu pendant la fin de semaine un morceau du congrès des libéraux provinciaux. J'ai entendu le député de Bonaventure raconter avec son brio, qui parfois déguise admirablement ses intentions, que c'est peut-être parce que nous avions honte de notre parti si nous tâchions nous-mêmes, afin de rejoindre cette soif de solidarité qui se dessine, de nous conduire aussi exclusivement que possible comme des Québécois et rien de plus, mais rien de moins. Je dirai simplement au député de Bonaventure qu'il n'est pas question d'avoir honte d'un parti qui, en treize années aussi difficiles et pleines de sacrifices tout le long du chemin, a réussi sa croissance sur un terrain politique encombré comme on le sait par les vieux partis, et qui, depuis trois ans et demi, a tâché de fournir au Québec un gouvernement aussi convenable que possible, de remplir tous ses engagements et qui va continuer de le faire jusqu'à la fin de son mandat actuel.

Mais devant cet engagement, entre autres, qui est non partisan de nature parce qu'il est tellement lourd de conséquences pour toute la collectivité, cet engagement que constitue le référendum, quant à nous, en tout cas, nous allons persister jusqu'au bout à oublier un peu ce que Mercier, tout là-bas au siècle dernier, appelait déjà nos luttes fratricides. Je suis profondément convaincu que ceux qui l'auront fait, y compris au fond d'eux-mêmes certains de nos amis d'en face, seront fiers comme jamais au soir du référendum, lorsqu'une solide majorité de la population aura dit oui, oui au Québec, oui à sa maturité présente, oui à toutes ses chances d'un avenir libre et responsable.

25
Cet avenir extraordinaire

Déclaration du Premier ministre à la clôture du débat sur la question référendaire à l'Assemblée nationale, le jeudi 20 mars 1980.

Comme j'osais l'espérer, le jour où il s'est ouvert, en dépit de toutes les traditions que nous connaissons bien, il me semble que jamais l'Assemblée nationale n'a si bien mérité son nom et que jamais, de plus, elle n'a rejoint aussi directement, aussi profondément le coeur même de la nation et toutes les fibres collectives.

Dans un climat de passion — le contraire aurait été surprenant — mais aussi un climat de dignité, le débat a donc atteint son but essentiel, qui était de fournir à tous les Québécois le plus possible d'information, afin de nous aider à exprimer tous ensemble la plus éclairée et la plus réfléchie des opinions, par un seul mot, dans quelques semaines.

Évidemment — ça, il fallait s'y attendre — ç'a été un débat légèrement contradictoire. Tout le monde savait d'avance qu'il en serait ainsi. En ce qui concerne l'Opposition officielle, il y a déjà plus d'un an, en février 1979, sans ambages, le chef de l'Opposition disait: *Quelle que soit la question posée lors du référendum, il n'y aura qu'une seule réponse possible: Non!* Bien sûr que ça peut nous attrister, mais dans le contexte où nous sommes, on admettra — et nous sommes les premiers à l'admettre — que c'est normal.

La société québécoise doit dessiner le chemin de son avenir et je le répète, elle doit le faire; c'est devenu vraiment obligatoire — on pourrait dire en conscience — parce que, de gouvernement en gouvernement et de conférence en conférence et d'échec en échec, c'est au Québec que s'est amorcée la crise politique dans laquelle nous sommes enlisés. C'est d'abord et avant tout à cause du Québec qu'elle s'est accentuée cette crise et que, maintenant, elle exige que le Québec mette clairement sur la table cette carte concrète de l'avenir et l'itinéraire que ses aspirations et tout son potentiel, que sa longue réflexion — parce qu'au fond, derrière la façade, il y avait une réflexion qui se poursuivait dans l'organisme collectif depuis bientôt quarante ans au moins — lui donnent l'intention, la volonté de suivre.

Évidemment, là-dessus nous sommes divisés; on est longuement habitué à l'être, divisé, au Québec. C'est difficilement et même douloureusement, pour beaucoup de gens, qu'on va la choisir cette direction de l'avenir très bientôt. Parce qu'il y a ceux pour qui, avec le minimum de changements, avec une certaine chirurgie plastique peut-être, mais, au besoin, des reculs substantiels même sur des positions qui ont été longuement considérées comme des minimums vitaux et, en allant même à l'extrême — un éminent libéral a dit ça il y a quelques jours —, jusqu'à se résigner indéfiniment au statu quo, aux choses telles qu'elles sont et qui ont créé la crise, il y a donc ceux-là qui vont se battre pour nous garder dans le cadre et la trajectoire du régime tel qu'il est. Je le répète, c'est normal et il est normal, en particulier sous sa direction actuelle, que le Parti libéral provincial constitue l'armature essentielle de cette option. Il ne fait d'ailleurs que durcir ainsi et mener jusqu'à sa conclusion logique, si on veut, un effort soutenu de freinage, non seulement du changement, mais de freinage des forces les plus puissantes de l'évolution. C'est un effort de freinage qu'on a vu s'amorcer il y a treize ans, très exactement, en 1967. On l'a vu s'amorcer en même temps, action-réaction jusqu'à un certain point, que naissait et que se développait la tendance contraire.

Cette tendance contraire que nous représentons ici, elle a travaillé tout ce temps-là à garder en vie et à garder en marche cette évolution. Elle va en proposer l'accélération par le référendum, comme il est légitime qu'elle le fasse puisque après neuf ans, de 1967 à 1975, où les tenants du régime ont gardé seuls le haut du pavé, eh bien en 1976, les citoyens nous confiaient, à nous de cette autre tendance, non seulement le mandat de gouverner le mieux possible ou le moins mal possible, mais le mandat aussi de tenir ce référendum et de le tenir sur la base de la perspective et du projet d'avenir que nous avions développé, et sur aucune autre base. Cela a été très clair à la veille des élections de 1976.

Partant de là, il est normal que l'Opposition — et en particulier l'Opposition libérale — ait proclamé d'avance, comme je l'indiquais tout à l'heure, que, quelle que soit la question, on ferait des pieds et des mains pour que la réponse soit négative. C'est normal!

Ce qui est moins normal, cependant, qui, à mon humble avis n'est pas normal du tout, c'est qu'on se soit tellement acharné, avant et pendant le débat qui s'achève, à déprécier la question elle-même, à la saper tant qu'on pouvait dans l'esprit de la population.

L'amendement libéral, les amendements libéraux, celui du chef intérimaire de l'Union nationale aussi, nous indiquent clairement que la question qu'on aurait voulue en face n'est pas celle que dictaient légitimement ce que représentent treize années consécutives de convictions et d'approfondissement. Autrement dit, non pas une question qui pouvait découler naturellement du Livre blanc que le gouvernement a publié il y a quelque temps. Non! Ce qu'il leur aurait fallu, c'est une question qui non seulement fausse cette perspective qui est légitime, mais une question qu'ils prétendraient même voir confirmer — c'est cela leurs amendements — une question, dis-je, qui viendrait confirmer toutes ces intentions cachées, ces intentions sournoises qu'ils n'ont pas cessé de nous prêter depuis trois semaines en prétendant voir entre les lignes toutes sortes de plans dissimulés et inavouables. Cela les a conduits, tout en se battant férocement pour leur option fédéraliste, donc en soulignant l'importance fondamentale du référendum en même temps et contradictoirement, à essayer, en particulier dans le cas du chef de l'Opposition, de dévaluer d'avance ce qui pourrait être la victoire du oui. Et même, au mépris de tout respect démocratique de l'intention des citoyens, d'aller jusqu'à dire que si ces résultats ne faisaient pas leur affaire, ils n'en tiendraient pas compte, ils les jetteraient tout simplement au panier. On est même allé, au tout début de cette semaine, jusqu'à cette déclaration à McGill, je crois, devant les étudiants, et je cite: *Et si, comme je l'espère* — aurait déclaré le chef de l'Opposition — *nous sommes élus, toute cette affaire aura été une perte de temps.*

Ce qui revient à dire à peu près ceci à l'avance: il y aurait, disons, quelque chose comme 2 500 000 votes positifs et même davantage, quelque chose comme bien au-delà de 50%, si, dans le panier du non, il y avait le mien, c'est le non qui l'emporterait quand même. Une attitude comme celle-là nous ramènerait dangereusement encore plus loin en arrière qu'on aurait cru possible, presque à l'époque de la monarchie absolue où l'on pouvait dire: l'État, c'est moi!

Sur ce point précis, je dois dire que je préfère de beaucoup l'attitude de la députée de Prévost, qui siège du même côté pour autant que nous sachions, mais qui, elle, au cours d'une émission radiophonique ici même, à

Québec, il y a également quelques jours à peine, une émission dont j'ai le texte, parlait de l'émotion qu'elle ressentait au cours de ce débat. Elle en parlait de la façon suivante, brièvement: *On est assez ému parce qu'on sent qu'on dit des choses qui n'ont pas leur importance sur un plan individuel; personne n'est à ce point important. Mais que tout ce débat-là est capital dans la vie de notre peuple.*

Justement, il s'agit d'un débat capital, non pas d'une perte de temps, sauf tout le respect que je dois au chef de l'Opposition. Non seulement il est capital, mais nous en étions justement assez conscients pour tâcher, jusqu'à la dernière minute et encore au moment où s'épuise ce débat, de rédiger une question aussi claire et aussi honnête que possible, une question qui ne cache rien à personne. Il y a même des gens qui nous ont reproché de l'avoir faite un peu longue à cause de cela.

Sur la clarté, un mot seulement. Pour ceux qui ne sont pas intoxiqués par la stratégie négative que je viens de décrire de mon mieux, pour autant que je la comprenne, il me semble que cette clarté de la question se vérifie tout bonnement à la lecture.

Premièrement, il y a un principe qui est clairement énoncé, c'est celui de l'égalité des peuples. Là-dessus, tout le monde se dit d'ailleurs d'accord, en principe. Puis, il y a un contenu concret qui, lui, est clairement résumé. Contenu qui, à notre avis — et c'est la perspective dans laquelle doit se présenter le référendum, parce que c'est le gouvernement qui a bâti le projet, c'est lui qui aura ou bien à encaisser la défaite sur ce projet ou bien à avoir le mandat d'aller voir s'il est réalisable — est le seul qui puisse enfin faire sortir une fois pour toutes ce principe d'égalité sur lequel tout le monde est d'accord du flou marécageux, de l'abstraction et des nostalgies velléitaires et l'amener à s'appliquer dans la réalité vécue de deux sociétés. Ce projet s'appelle, dans la question, comme dans le Livre blanc, comme depuis treize années consécutives, la souveraineté mariée avec l'association.

Enfin, la question décrit aussi clairement que possible la démarche par laquelle, après avoir obtenu le mandat de négocier une nouvelle entente sur cette base, on s'engage clairement à faire rapport sur les résultats du mandat et à demander aux citoyens, avant que cela ne puisse se réaliser, avant qu'aucun changement de régime politique ne s'effectue, d'en décider eux-mêmes. (...)

Quant à l'honnêteté, à l'intégrité de la question à propos de laquelle nos amis d'en face se perdent sans arrêt depuis trois semaines dans des procès d'intention, il me semble que, là aussi, cela saute aux yeux. La perspective qu'elle propose n'a pas de double fond. Elle n'a pas de triple fond. Cela étale simplement, candidement, une aspiration que nous avons confiance de faire partager par la plus grande majorité possible de Québécois.

C'est une aspiration qui n'a jamais été cachée depuis treize ans, qui n'a jamais été dissimulée. C'est cette aspiration même qu'à la toute veille du scrutin, il y a trois ans et demi, en 1976, j'avais l'occasion d'exprimer au nom de tous ceux et celles ici dans cette Chambre, toutes celles et tous ceux partout au Québec qui la partagent. Ce que je disais, la veille du 15 novembre 1976, c'est ceci: *Comme bien d'autres, j'espère de tout mon coeur qu'on y arrivera, à devenir vraiment maîtres chez nous, politiquement, économiquement, culturellement, comme font tous les peuples qui veulent sortir de l'insécurité et de l'infériorité collectives, ce qui n'exclut ni l'amitié ni les associations d'égal à égal avec ceux qui nous entourent.* Mais tout de suite après, j'ajoutais: *Si les électeurs nous font confiance le 15 novembre, nous nous sommes engagés à ne pas le faire sans le consentement majoritaire des Québécois.*

Qu'on examine le programme politique que nous véhiculons, qu'on examine les manifestes que nous avons publiés au cours des années, qu'on examine tout récemment le Livre blanc sur cette nouvelle entente, toujours cette aspiration, cet espoir sans cesse entretenu, cette ambition dévorante qui est l'ambition suprême, de faire saisir par les nôtres toutes les chances normales et tous les leviers normaux d'une nation, cette aspiration, elle a toujours été là sans déguisement, sans hypocrisie comme elle se retrouve également dans la question.

C'est une aspiration qui n'a jamais impliqué pour nous l'isolement du Québec, ce qui est d'une absurdité totale. Cela n'implique pas non plus la rupture avec le Canada comme les tenants du non voudraient nous le faire croire par la façon dont ils présentent la souveraineté, uniquement la souveraineté, comme un absolu, une fin en soi, et non pas comme nous la présentons, c'est-à-dire comme le plus noble et le plus efficace de tous les moyens dont peut disposer un peuple; mais c'est aussi un moyen dont le monde entier nous enseigne qu'on peut l'ajuster à l'interdépendance.

C'est de cette façon que cela se passe de plus en plus partout dans l'univers. On peut ajuster ce moyen de la souveraineté à la création ou au maintien avec les autres de toutes les relations, de tous les échanges, de toutes les complémentarités qui peuvent être avantageux de part et d'autre. C'est ce que nous appelons ici, au Québec, l'association (il y a des équivalences baptisées d'autres noms un peu partout dans le monde et qui se multiplient). Je crois que tout cela est évoqué, brièvement bien sûr, mais honnêtement, dans la question proposée.

Donc, en bref, le sens d'un oui, le seul sens quant à nous qui le demandons, c'est celui qu'indique la question, ni plus, ni moins que ce qu'elle dit. Ce qui veut dire que le lendemain du oui, pas plus qu'au lendemain du 15 novembre 1976, le ciel ne tombera sur la tête de personne. Pendant tout le temps qui nous séparera encore d'un second référendum, tout le temps laborieux, bien sûr, mais d'autant moins laborieux que le oui serait plus clair et plus massif, tout ce temps, le Québec continuera d'être une province.

Ottawa continuera d'être la capitale fédérale d'où continueront de venir régulièrement les pensions, les allocations, l'assurance-chômage et aussi ce qu'on peut arracher, souvent de peine et de misère, de notre part du développement, non pas — pour répondre si brièvement que ce soit à l'adjectif insistant du chef de l'Opposition — une capitale étrangère d'un régime étranger ni un endroit hostile en soi, mais simplement la capitale d'un régime où les plateaux de la balance sont trop régulièrement faussés et depuis trop longtemps.

Mais en même temps, au lendemain du référendum, s'il est positif, quelque chose de grand et de splendide se sera produit aussi: un pas décisif, un pas immense de tout un peuple dans la voie de son affirmation, de sa confiance en soi et de son exigence fondamentale d'égalité avec les autres, en mettant pour la première fois dans cette balance faussée depuis si longtemps tout le poids collectif de sa détermination et de cette fierté qui est un ingrédient essentiel dans la vie collective.

Les Québécoises et les Québécois auront, politiquement et psychologiquement, pris le plus beau et, en fin de compte, le seul tournant qui puisse être choisi par un peuple qui s'estime à sa juste valeur. Ce oui, si le Parti libéral provincial et son chef arrivaient un jour au gouvernement, ils seraient fort heureux d'en être les dépositaires, quoi qu'ils en disent en ce moment. Et au lieu de la démission que fait préconiser une stratégie hélas plus électorale que référendaire, de pouvoir alors s'appuyer, dans quelque démarche positive que ce soit, sur le poids extraordinaire de cette affirmation.

And that is the perspective of a stronger Québec, more than ever confident and sure of itself, with hostility to no one, in which it is so encouraging, it is such a hopeful sign to see growing so fast and so steadily in all regions, from all walks of life, a surge of solidarity in support of a positive answer in a few weeks. It is a sign of healthy political development, because it is simply a concrete translation, both of an old and irrepresscible aspiration, but also of new competence all over, of more knowhow than we ever imagined was possible and even more buyoyant pride in achievements already and in all of the potential achievements of the future. Among all of those who have joined this affirmation, may I say that the ones in my view deserving more respect than any others, on account of the courage it takes and the intellectual strength it requires, in spite of a systematically maintened negative environment, are the growing number of those coming from non francophone Québec who are as much and as perpetually a part of the Québécois or Québecer family as the people in the French majority.

To those who, for reasons that we can understand and equally respect, are going to vote no, may I say just not no hard feelings, but also this very simply: After as before the referendum, the very next day, we will still be living together, side by side, and we must be able, whatever the results, to live democratically, even fraternally, with either defeat or victory. You will permit me, however, to express hope that many, very many of you will be there to share a success of which, day by day and realistically, I believe, we are becoming more confident, so we can share it and rejoice in it together in both languages.

Ce courant de solidarité pour le oui qui n'est pas un unanimisme artificiel, comme voulait l'évoquer tout à l'heure le chef de l'Opposition, mais qui est en fait une promesse d'avenir qui ne peut pas être autrement que mobilisante puisqu'il s'agit d'une société qui l'a si longtemps attendue, ce courant qui va s'amplifiant dans tous les milieux québécois auxquels nous faisons appel en ces derniers instants du débat, ce que nous espérons aussi, ce que nous avons confiance de voir comme jamais, c'est que ce courant soit également envahi par toute la jeunesse québécoise. Parce que l'avenir dont on parle, c'est à elle qu'il appartient, c'est à elle qu'il appartiendra à part entière dans les quelques années qui viennent. C'est à elle aussi, par conséquent, qu'il appartient, autant sinon plus qu'à tout autre groupe de la société, de nous aider à en indiquer l'orientation. Plus encore, d'oser fièrement et lucidement en élargir l'horizon, en faire reculer les limites aussi loin que peut les porter sa confiance en elle-même, aussi loin que peut le lui inspirer l'héritage qu'elle assumera bientôt; tout ce bagage de ténacité et d'attachement farouche à ce que nous sommes qui lui sera transmis, et toute cette accumulation, récente dans bien des coins mais sans cesse croissante de compétence, de créativité, sur tous les plans, dans laquelle baignent déjà les jeunes Québécois.

Et puis, aussi loin qu'on puisse voir en avant, tout ce qu'ils pourront en faire encore, ces jeunes, à condition d'avoir en main, le plus tôt possible, tous les moyens d'un peuple assuré de sa sécurité et respirant enfin l'air de la liberté qui n'est jamais complètement pur s'il n'est pas aussi celui de l'égalité. Ils vivront alors vraiment cet avenir extraordinaire que nous essayons d'évoquer tous. Mais cet avenir extraordinaire, nous, nous le voyons comme celui de deux peuples, associés dans cette égalité et pouvant enfin se forger, ensemble et côte à côte, avec, en même temps, la vraie compréhension et la vraie amitié qui leur viendront par surcroît.

Sommaire

Liste des textes cités

Achevé d'imprimer sur les presses de

L'IMPRIMERIE ELECTRA*
*Division de l'A.D.P. Inc.

pour

LES ÉDITIONS DE L'HOMME*
*Division de Sogides Ltée

Imprimé au Canada/Printed in Canada

Ouvrages parus chez les Éditeurs du groupe Sogides

Ouvrages parus aux ÉDITIONS DE L'HOMME

ALIMENTATION — SANTÉ

Alimentation pour futures mamans, Mmes Sekely et Gougeon
Les allergies, Dr Pierre Delorme
Apprenez à connaître vos médicaments, René Poitevin
L'art de vivre en bonne santé, Dr Wilfrid Leblond
Bien dormir, Dr James C. Paupst
La boîte à lunch, Louise Lambert-Lagacé
La cellulite, Dr Gérard J. Léonard
Comment nourrir son enfant, Louise Lambert-Lagacé
La congélation des aliments, Suzanne Lapointe
Les conseils de mon médecin de famille, Dr Maurice Lauzon
Contrôlez votre poids, Dr Jean-Paul Ostiguy
Desserts diététiques, Claude Poliquin
La diététique dans la vie quotidienne, Louise L.-Lagacé
En attendant notre enfant, Mme Yvette Pratte-Marchessault
Le face-lifting par l'exercice, Senta Maria Rungé
La femme enceinte, Dr Robert A. Bradley
Guérir sans risques, Dr Emile Plisnier
Guide des premiers soins, Dr Joël Hartley
La maman et son nouveau-né, Trude Sekely
La médecine esthétique, Dr Guylaine Lanctôt
Menu de santé, Louise Lambert-Lagacé
Pour bébé, le sein ou le biberon, Yvette Pratte-Marchessault
Pour vous future maman, Trude Sekely
Recettes pour aider à maigrir, Dr Jean-Paul Ostiguy
Régimes pour maigrir, Marie-José Beaudoin
Santé et joie de vivre, Dr Jean-Paul Ostiguy
Le sein, En collaboration
Soignez-vous par le vin, Dr E.A. Maury
Sport — santé et nutrition, Dr Jean-Paul Ostiguy
Tous les secrets de l'alimentation, Marie-Josée Beaudoin

ART CULINAIRE

101 omelettes, Marycette Claude
L'art d'apprêter les restes, Suzanne Lapointe
L'art de la cuisine chinoise, Stella Chan
La bonne table, Juliette Huot
La brasserie la mère Clavet vous présente ses recettes, Léo Godon
Canapés et amuse-gueule
Les cocktails de Jacques Normand, Jacques Normand
Les confitures, Misette Godard
Les conserves, Soeur Berthe
La cuisine aux herbes
La cusine chinoise, Lizette Gervais
La cuisine de maman Lapointe, Suzanne Lapointe
La cuisine de Pol Martin, Pol Martin
La cuisine des 4 saisons, Hélène Durand-LaRoche
La cuisine en plein air, Hélène Doucet Leduc
La cuisine micro-ondes, Jehane Benoit
Cuisiner avec le robot gourmand, Pol Martin
Du potager à la table, Paul Pouliot et Pol Martin
En cuisinant de 5 à 6, Juliette Huot
Fondue et barbecue
Fondues et flambées de maman Lapointe, S. et L. Lapointe
Les fruits, John Goode
La gastronomie au Québec, Abel Benquet
La grande cuisine au Pernod, Suzanne Lapointe
Les grillades
Hors-d'oeuvre, salades et buffets froids, Louis Dubois
Les légumes, John Goode
Liqueurs et philtres d'amour, Hélène Morasse
Ma cuisine maison, Jehane Benoit
Madame reçoit, Hélène Durand-LaRoche
La pâtisserie, Maurice-Marie Bellot
Poissons et crustacés
Poissons et fruits de mer, Soeur Berthe
Le poulet à toutes les sauces, Monique Thyraud de Vosjoli
Les recettes à la bière des grandes cuisines Molson, Marcel L. Beaulieu
Recettes au blender, Juliette Huot
Recettes de gibier, Suzanne Lapointe
Les recettes de Juliette, Juliette Huot
Les recettes de maman, Suzanne Lapointe
Les techniques culinaires, Soeur Berthe Sansregret
Vos vedettes et leurs recettes, Gisèle Dufour et Gérard Poirier
Y'a du soleil dans votre assiette, Francine Georget

DOCUMENTS — BIOGRAPHIES

Action Montréal, Serge Joyal
L'architecture traditionnelle au Québec, Yves Laframboise
L'art traditionnel au Québec, M. Lessard et H. Marquis
Artisanat québécois 1, Cyril Simard
Artisanat Québécois 2, Cyril Simard
Artisanat Québécois 3, Cyril Simard
Les bien-pensants, Pierre Berton
La chanson québécoise, Benoît L'Herbier
Charlebois, qui es-tu? Benoit L'Herbier
Le comité, M. et P. Thyraud de Vosjoli
Deux innocents en Chine rouge, Jacques Hébert et Pierre E. Trudeau
Duplessis, tome 1: L'ascension, Conrad Black
Les mammifères de mon pays, St-Denys, Duchesnay et Dumais
Margaret Trudeau, Felicity Cochrane
Masques et visages du spiritualisme contemporain, Julius Evola
Mon calvaire roumain, Michel Solomon
Les moulins à eau de la vallée du Saint-Laurent, F. Adam-Villeneuve et C. Felteau
Mozart raconté en 50 chefs-d'oeuvre, Paul Roussel
La musique au Québec, Willy Amtmann
Les objets familiers de nos ancêtres, Vermette, Genêt, Décarie-Audet
L'option, J.-P. Charbonneau et G. Paquette
Option Québec, René Lévesque

Duplessis, tome 2: Le pouvoir Conrad Black
La dynastie des Bronfman, Peter C. Newman
Les écoles de rasb au Québec, Jacques Dorion
Égalité ou indépendance, Daniel Johnson
Envol — Départ pour le début du monde, Daniel Kemp
Les épaves du Saint-Laurent, Jean Lafrance
L'ermite, T. Lobsang Rampa
Le fabuleux Onassis, Christian Cafarakis
La filière canadienne, Jean-Pierre Charbonneau
Le grand livre des antiquités, K. Bell et J. et E. Smith
Un homme et sa mission, Le Cardinal Léger en Afrique
Information voyage, Robert Viau et Jean Daunais
Les insolences du Frère Untel, Frère Untel
Lamia, P.L. Thyraud de Vosjoli
Magadan, Michel Solomon
La maison traditionnelle au Québec, Michel Lessard et Gilles Vilandré
La maîtresse, W. James, S. Jane Kedgley
Les papillons du Québec, B. Prévost et C. Veilleux
La petite barbe. J'ai vécu 40 ans dans le Grand Nord, André Steinmann
Pour entretenir la flamme, T. Lobsang Rampa
Prague l'été des tanks, Desgraupes, Dumayet, Stanké
Premiers sur la lune, Armstrong, Collins, Aldrin Jr
Provencher, le dernier des coureurs de bois, Paul Provencher
Le Québec des libertés, Parti Libéral du Québec
Révolte contre le monde moderne, Julius Evola
Le struma, Michel Solomon
Le temps des fêtes, Raymond Montpetit
Le terrorisme québécois, Dr Gustave Morf
La treizième chandelle, T. Lobsang Rampa
La troisième voie, Emile Colas
Les trois vies de Pearson, J.-M. Poliquin, J.R. Beal
Trudeau, le paradoxe, Anthony Westell
Vizzini, Sal Vizzini
Le vrai visage de Duplessis, Pierre Laporte

ENCYCLOPÉDIES

L'encyclopédie de la chasse, Bernard Leiffet
Encyclopédie de la maison québécoise, M. Lessard, H. Marquis
Encyclopédie des antiquités du Québec, M. Lessard, H. Marquis
Encyclopédie des oiseaux du Québec, W. Earl Godfrey
Encyclopédie du jardinier horticulteur, W.H. Perron
Encyclopédie du Québec, vol. I, Louis Landry
Encyclopédie du Québec, vol. II, Louis Landry

LANGUE

Améliorez votre français, Professeur Jacques Laurin
L'anglais par la méthode choc, Jean-Louis Morgan
Corrigeons nos anglicismes, Jacques Laurin
Notre français et ses pièges, Jacques Laurin
Petit dictionnaire du joual au français, Augustin Turenne
Les verbes, Jacques Laurin

LITTÉRATURE

22 222 milles à l'heure, Geneviève Gagnon
Aaron, Yves Thériault
Adieu Québec, André Bruneau
Agaguk, Yves Thériault
L'allocutaire, Gilbert Langlois
Les Berger, Marcel Cabay-Marin
Bigaouette, Raymond Lévesque
Le bois pourri, Andrée Maillet
Bousille et les justes (Pièce en 4 actes), Gratien Gélinas
Cap sur l'enfer, Ian Slater
Les carnivores, François Moreau
Carré Saint-Louis, Jean-Jules Richard
Les cent pas dans ma tête, Pierre Dudan
Centre-ville, Jean-Jules Richard
Chez les termites, Madeleine Ouellette-Michalska
Les commettants de Caridad, Yves Thériault
Cul-de-sac, Yves Thériault
D'un mur à l'autre, Paul-André Bibeau
Danka, Marcel Godin
La débarque, Raymond Plante
Les demi-civilisés, Jean-C. Harvey
Le dernier havre, Yves Thériault
Le domaine Cassaubon, Gilbert Langlois
Le dompteur d'ours, Yves Thériault
Le doux mal, Andrée Maillet
Échec au réseau meurtrier, Ronald White
L'emprise, Gaétan Brulotte
L'engrenage, Claudine Numainville
En hommage aux araignées, Esther Rochon
Et puis tout est silence, Claude Jasmin
Exodus U.K., Richard Rohmer
Exxoneration, Richard Rohmer
Faites de beaux rêves, Jacques Poulin
La fille laide, Yves Thériault
Fréquences interdites, Paul-André Bibeau
La fuite immobile, Gilles Archambault
J'parle tout seul quand Jean Narrache, Emile Coderre
Le jeu des saisons, M. Ouellette-Michalska
Joey et son 29e meurtre, Joey
Joey tue, Joey
Joey, tueur à gages, Joey
Lady Sylvana, Louise Morin
La marche des grands cocus, Roger Fournier
Moi ou la planète, Charles Montpetit
Le monde aime mieux..., Clémence DesRochers
Monsieur Isaac, G. Racette et N. de Bellefeuille
Mourir en automne, Claude DeCotret
N'tsuk, Yves Thériault
Neuf jours de haine, Jean-Jules Richard
New Medea, Monique Bosco
L'ossature, Robert Morency
L'outaragasipi, Claude Jasmin
La petite fleur du Vietnam, Clément Gaumont
Pièges, Jean-Jules Richard
Porte silence, Paul-André Bibeau
Porte sur l'enfer, Michel Vézina
Requiem pour un père, François Moreau
La scouine, Albert Laberge
Séparation, Richard Rohmer
Si tu savais..., Georges Dor
Les silences de la Croix-du-Sud, Daniel Pilon
Tayaout — fils d'Agaguk, Yves Thériault
Les temps du carcajou, Yves Thériault
Tête blanche, Marie-Claire Blais
Tit-Coq, Gratien Gélinas
Les tours de Babylone, Maurice Gagnon
Le trou, Sylvain Chapdelaine
Ultimatum, Richard Rohmer
Un simple soldat, Marcel Dubé
Valérie, Yves Thériault
Les vendeurs du temple, Yves Thériault
Les visages de l'enfance, Dominique Blondeau
La vogue, Pierre Jeancard

LIVRES PRATIQUES — LOISIRS

8/super 8/16, André Lafrance
L'ABC du marketing, André Dahamni
Initiation au système métrique, Louis Stanké

Les abris fiscaux, Robert Pouliot et al.
Améliorons notre bridge, Charles A. Durand
Les appareils électro-ménagers
Apprenez la photographie avec Antoine Desilets, Antoine Desilets
L'art du dressage de défense et d'attaque, Gilles Chartier
Bien nourrir son chat, Christian d'Orangeville
Bien nourrir son chien, Christian d'Orangeville
Les bonnes idées de maman Lapointe, Lucette Lapointe
Le bricolage, Jean-Marc Doré
Le bridge, Viviane Beaulieu
Le budget, En collaboration
100 métiers et professions, Guy Milot
Les chaînes stéréophoniques, Gilles Poirier
La chasse photographique, Louis-Philippe Coiteux
Ciné-guide, André Lafrance
Collectionner les timbres, Yves Taschereau
Comment aménager une salle de séjour
Comment tirer le maximum d'une mini-calculatrice, Henry Mullish
Comment amuser nos enfants, Louis Stanké
Conseils aux inventeurs, Raymond-A. Robic
Le cuir, L. Saint-Hilaire, W. Vogt
La danse disco, Jack et Kathleen Villani
Décapage, rembourrage et finition des meubles, Bricolage maison
La décoration intérieure, Bricolage maison
La dentelle, Andrée-Anne de Sève
Dictionnaire des affaires, Wilfrid Lebel
Dictionnaire des mots croisés. Noms communs, Paul Lasnier
Dictionnaire des mots croisés. Noms propres, Piquette, Lasnier et Gauthier
Dictionnaire économique et financier, Eugène Lafond
Dictionnaire raisonné des mots croisés, Jacqueline Charron
Distractions mathématiques, Charles E. Jean
Entretenir et embellir sa maison
Entretien et réparation de la maison
L'étiquette du mariage, Fortin-Jacques-St-Denis-Farley
Fabriquer soi-même des meubles
Je développe mes photos, Antoine Desilets
Je prends des photos, Antoine Desilets
Le jeu de la carte et ses techniques, Charles-A. Durand
Les jeux de cartes, George F. Hervey
Les jeux de dés, Skip Frey
Jeux de société, Louis Stanké
Les lignes de la main, Louis Stanké
La loi et vos droits, Me Paul-Emile Marchand
Magie et tours de passe-passe, Ian Adair
La magie par la science, Walter B. Gibson
Manuel de pilotage,
Le massage, Byron Scott
Mathématiques modernes pour tous, Guy Bourbonnais
La mécanique de mon auto, Time-Life Book
La menuiserie: les notions de base
La météo, Alcide Ouellet
Les meubles
La nature et l'artisanat, Soeur Pauline Roy
Les noeuds, George Russel Shaw
La p'tite ferme, Jean-Claude Trait
Les outils électriques: quand et comment les utiliser
Les outils manuels: quand et comment les utiliser
L'ouverture aux échecs, Camille Coudari
Payez moins d'impôt, Robert Pouliot
Petit manuel de la femme au travail, Lise Cardinal
Les petits appareils électriques
La photo de A à Z, Desilets, Coiteux, Gariépy
Photo-guide, Antoine Desilets
Piscines, barbecues et patios
Poids et mesures calcul rapide, Louis Stanké
Races de chats, chats de race, Christian d'Orangeville
Races de chiens, chiens de race, Dr Christian d'Orangeville
Les règles d'or de la vente, George N. Kahn
Le savoir-vivre d'aujourd'hui, Marcelle Fortin-Jacques
Savoir-vivre, Nicole Germain
Scrabble, Daniel Gallez
Le/la secrétaire bilingue, Wilfrid Lebel
Le squash, Jim Rowland
La tapisserie, T.M. Perrier, N.B. Langlois

Fins de partie aux dames, H. Tranquille, G. Lefebvre
Le fléché, F. Bourret, L. Lavigne
La fourrure, Caroline Labelle
Gagster, Claude Landré
Le guide complet de la couture, Lise Chartier
Guide du propriétaire et du locataire, M. Bolduc, M. Lavigne, J. Giroux
Guide du véhicule de loisir, Daniel Héraud
La guitare, Peter Collins
L'hypnotisme, Jean Manolesco
La taxidermie, Jean Labrie
Technique de la photo, Antoine Desilets
Tenir maison, Françoise Gaudet-Smet
Terre cuite, Robert Fortier
Tout sur le macramé, Virginia I. Harvey
Les trouvailles de Clémence, Clémence Desrochers
Vivre, c'est vendre, Jean-Marc Chaput
Voir clair aux dames, H. Tranquille, G. Lefebvre
Voir clair aux échecs, Henri Tranquille
Votre avenir par les cartes, Louis Stanké
Votre discothèque, Paul Roussel

PLANTES — JARDINAGE

Arbres, haies et arbustes, Paul Pouliot
La culture des fleurs, des fruits et des légumes
Dessiner et aménager son terrain
Le jardinage, Paul Pouliot
Je décore avec des fleurs, Mimi Bassili
Les plantes d'intérieur, Paul Pouliot
Les techniques du jardinage, Paul Pouliot
Les terrariums, Ken Kayatta et Steven Schmidt
Votre pelouse, Paul Pouliot

PSYCHOLOGIE — ÉDUCATION

Aidez votre enfant à lire et à écrire, Louise Doyon-Richard
L'amour de l'exigence à la préférence, Lucien Auger
Caractères et tempéraments, Claude-Gérard Sarrazin
Les caractères par l'interprétation des visages, Louis Stanké
Comment animer un groupe, Collaboration
Comment vaincre la gêne et la timidité, René-Salvator Catta
Communication et épanouissement personnel, Lucien Auger
Complexes et psychanalyse, Pierre Valinieff
Contact, Léonard et Nathalie Zunin
Cours de psychologie populaire, Fernand Cantin
Découvrez votre enfant par ses jeux, Didier Calvet
La dépression nerveuse, En collaboration
Futur père, Yvette Pratte-Marchessault
Hatha-yoga pour tous, Suzanne Piuze
Interprétez vos rêves, Louis Stanké
J'aime, Yves Saint-Arnaud
Le langage de votre enfant, Professeur Claude Langevin
Les maladies psychosomatiques, Dr Roger Foisy
La méditation transcendantale, Jack Forem
La personne humaine, Yves Saint-Arnaud
La première impression, Chris L. Kleinke
Préparez votre enfant à l'école, Louise Doyon-Richard
Relaxation sensorielle, Pierre Gravel
S'aider soi-même, Lucien Auger
Savoir organiser: savoir décider, Gérald Lefebvre
Se comprendre soi-même, Collaboration
Se connaître soi-même, Gérard Artaud
La séparation du couple, Dr Robert S. Weiss

Le développement psychomoteur du bébé, Didier Calvet
Développez votre personnalité, vous réussirez, Sylvain Brind'Amour
Les douze premiers mois de mon enfant, Frank Caplan
Dynamique des groupes, J.-M. Aubry, Y. Saint-Arnaud
Être soi-même, Dorothy Corkille Briggs
Le facteur chance, Max Gunther
La femme après 30 ans, Nicole Germain
Vaincre ses peurs, Lucien Auger
La volonté, l'attention, la mémoire, Robert Tocquet
Vos mains, miroir de la personnalité, Pascale Maby
Vouloir c'est pouvoir, Raymond Hull
Yoga, corps et pensée, Bruno Leclercq
Le yoga des sphères, Bruno Leclercq
Le yoga, santé totale, Guy Lescouflair

SEXOLOGIE

L'adolescent veut savoir, Dr Lionel Gendron
L'adolescente veut savoir, Dr Lionel Gendron
L'amour après 50 ans, Dr Lionel Gendron
La contraception, Dr Lionel Gendron
Les déviations sexuelles, Dr Yvan Léger
La femme enceinte et la sexualité, Elisabeth Bing, Libby Colman
La femme et le sexe, Dr Lionel Gendron
Helga, Eric F. Bender
L'homme et l'art érotique, Dr Lionel Gendron
Les maladies transmises par relations sexuelles, Dr Lionel Gendron
La mariée veut savoir, Dr Lionel Gendron
La ménopause, Dr Lionel Gendron
La merveilleuse histoire de la naissance, Dr Lionel Gendron
Qu'est-ce qu'un homme?, Dr Lionel Gendron
Qu'est-ce qu'une femme?, Dr Lionel Gendron
Quel est votre quotient psycho-sexuel?, Dr Lionel Gendron
La sexualité, Dr Lionel Gendron
La sexualité du jeune adolescent, Dr Lionel Gendron
Le sexe au féminin, Carmen Kerr
Yoga sexe, S. Piuze et Dr L. Gendron

SPORTS

L'ABC du hockey, Howie Meeker
Aïkido — au-delà de l'agressivité, M. N.D. Villadorata et P. Grisard
Les armes de chasse, Charles Petit-Martinon
La bicyclette, Jeffrey Blish
Les Canadiens, nos glorieux champions, D. Brodeur et Y. Pedneault
Canoé-kayak, Wolf Ruck
Carte et boussole, Bjorn Kjellstrom
Comment se sortir du trou au golf, L. Brien et J. Barrette
Le conditionnement physique, Chevalier, Laferrière et Bergeron
Devant le filet, Jacques Plante
En forme après 50 ans, Trude Sekely
Nadia, Denis Brodeur et Benoît Aubin
La natation de compétition, Régent LaCoursière
La navigation de plaisance au Québec, R. Desjardins et A. Ledoux
Mes observations sur les insectes, Paul Provencher
Mes observations sur les mammifères, Paul Provencher
Mes observations sur les oiseaux, Paul Provencher
Mes observations sur les poissons, Paul Provencher.
La pêche à la mouche, Serge Marleau
La pêche au Québec, Michel Chamberland

En superforme, Dr Pierre Gravel, D.C.
Entraînement par les poids et haltères, Frank Ryan
Exercices pour rester jeune, Trude Sekely
Exercices pour toi et moi, Joanne Dussault-Crobeil
La femme et le karaté samouraï, Roger Lesourd
Le français au football, Ligue canadienne de football
Le guide du judo (technique au sol), Louis Arpin
Le guide du judo (technique debout), Louis Arpin
Le guide du self-defense, Louis Arpin
Guide du trappeur, Paul Provencher
Initiation à la plongée sous-marine, René Goblot
J'apprends à nager, Régent LaCoursière
Le jeu défensif au hockey, Howie Meeker
Jocelyne Bourassa, D. Brodeur et J. Barrette
Le jogging, Richard Chevalier
Le karaté, Yoshinao Nanbu
Le kung-fu, Roger Lesourd
La lutte olympique, Marcel Sauvé, Ronald Ricci
Maurice Richard, l'idole d'un peuple, Jean-Marie Pellerin
Mon coup de patin, le secret du hockey, John Wild
Les pistes de ski de fond au Québec, C. Veilleux et B. Prévost
Programme XBX de l'Aviation royale du Canada
Puissance au centre, Jean Béliveau, Hugh Hood
La raquette, W. Osgood et L. Hurley
Le ski, Willy Schaffler et Erza Bowen
Le ski avec Nancy Greene, Nancy Greene et Al Raine
Le ski de fond, John Caldwell
Le ski nautique, G. Athans Jr et C. Ward
La stratégie au hockey, John Meagher
Les surhommes du sport, Maurice Desjardins
Techniques du billard, Pierre Morin
Techniques du golf, Luc Brien et Jacques Barrette
Techniques du hockey en U.R.S.S., André Ruel et Guy Dyotte
Techniques du tennis, Ellwanger
Le tennis, William F. Talbert
Tous les secrets de la chasse, Michel Chamberland
Le troisième retrait, C. Raymond et M. Gaudette
Vivre en forêt, Paul Provencher
Vivre en plein air camping-caravaning, Pierre Gingras
La voie du guerrier, Massimo N. di Villadorata
La voile, Nick Kebedgy

Imprimé au Canada
Printed in Canada